LA TRINIDAD DEL HOMBRE

Las tres dimensiones del ser humano y su sanidad

Por Dennis y Rita Bennett

Traducción al castellano: Francisco Liévano

Editorial Vida

Las citas bíblicas que aparecen en este libro fueron tomadas de la Versión Reina-Valera, revisión de 1960.

Los personajes que se describen en los primeros siete capítulos son ficticios. Cualquier parecido que puedan tener con alguna persona, viva o muerta, es puramente coincidente. En otras ilustraciones, algunas veces se han cambiado los nombres y las circunstancias.

ISBN 0-8297-1298-4

Categoría: Doctrina
En inglés: TRINITY OF MAN
© 1979 by Logos International

Edición en español
© 1982 Editorial Vida
Miami, Florida 33167

Cubierta diseñada por: David Bonilla

*Este libro está dedicado con todo afecto
a la memoria de William Harvey Reed,
quien fue fiel hasta la muerte y recibió
la corona de la vida*

Reconocimiento

Con todo amor, damos las gracias a Dios por el ministerio del pastor C. A. Brown, ya fallecido, quien nos enseñó lo que significa ser nuevas criaturas en Cristo; y por Watchman Nee, cuyos libros relacionados con la persona como ser trino fueron los pioneros en este tema.

Gracias a nuestros familiares y amigos que muy a menudo oraron por nosotros mientras estábamos escribiendo este libro.

De manera especial expresamos nuestro agradecimiento a nuestra amiga y secretaria Janet Koether, quien trabajó con nosotros larga y duramente hasta las últimas líneas del manuscrito. Gracias también a una nueva amiga, Cynthia Anderson, quien hizo el trabajo mecanográfico mientras estuvimos en Tampa, Florida.

Gracias y alabanzas sobre todo a nuestro Señor Jesucristo. Sin El, no se hubiera podido concebir ni escribir este libro. Sin El, no hubiera existido ni la vida del Espíritu, ni la sanidad, ni el cambio del alma de que nos habla este libro.

Prefacio

Después de haber predicado la Palabra de Dios en una ocasión, un hombre de pequeña estatura se me acercó y felizmente me dijo con alegría:

— Me encantó realmente leer su libro; aquel en que también aparece el nombre de su esposa.

Se refería a nuestro libro *El Espíritu Santo y tú*, que Rita y yo escribimos en 1971.

Comprendí que él no estaba tratando de ofenderme. Así que simplemente le respondí con firmeza:

— Amigo mío, cuando mi esposa y yo colocamos nuestro nombre en un libro, eso significa que lo escribimos los dos.

A Rita y a mí nos encanta compartirlo todo en el Señor. Cuando nos casamos en 1966 (yo tenía tres años de estar viudo, y Rita no se había casado nunca), cada uno tenía su propio ministerio, y el Señor unió nuestros ministerios. Desde entonces trabajamos en pareja la mayor parte del tiempo.

Nos gusta leer en el Nuevo Testamento con respecto a otro equipo compuesto por marido y mujer: Aquila y Priscila. Eran amigos íntimos del apóstol Pablo. Es interesante que Pablo algunas veces se dirigiera a ellos colocando en orden los nombres "Aquila y Priscila", y otras veces en orden inverso: "Priscila y Aquila". Lucas también, en los Hechos de los Apóstoles, usa los dos nombres en cualquier orden. Aparentemente, y en contra de la creencia popular, Pablo no defendía la superioridad masculina, y Lucas tampoco.

La inspiración para este libro, y la mayor parte de su material básico, fueron aportes de Rita. Ella fue la que primero me hizo interesar en la importancia de reconocer *la trinidad del hombre*. Ella había estado estudiando este tema mucho tiempo antes de que nos casáramos.

Ya tenemos unos 12 años de estar enseñando sobre este tema, y el Señor nos ha dado a los dos una comprensión más profunda e ilustraciones mejores. Esto es lo que tratamos de comunicar aquí.

Cuando estamos trabajando, yo escribo un capítulo, y Rita lo revisa y lo corrige. Rita escribe otro, yo lo reviso y lo corrijo. Podemos pasarnos muchas veces un capítulo el uno al otro, antes de quedar satisfechos. Esto no es siempre fácil para hacerlo; tenemos que amarnos mucho mutuamente, pero así es como escribimos los libros en que nos suscribimos como coautores. Y yo quiero que usted, estimado lector, mientras los lee, sepa que tales libros son verdaderamente producto de un ministerio compartido que el Señor les ha dado a Dennis Bennett y a su esposa Rita Bennett. ¡Alabado sea El!

Dennis J. Bennet
Edmonds, Washington
25 de agosto de 1979

Contenido

Prefacio 5
1 La nostalgia del lunes 9
2 El encuentro 14
3 Algo más . . . y el resultado 19
4 El enfriamiento 26
5 Una visita oportuna 31
6 Una diferencia importante 35
7 ¿Por qué no podemos permanecer libres? .. 42
8 Compréndase a sí mismo 49
9 El gran desastre 60
10 De nuevo en contacto 76
11 La esperanza 87
12 Los canales de poder 98
13 La liberación del alma y del cuerpo 101
14 La liberación del Espíritu 109
15 Flujo y reflujo 122
16 Cómo puede la voluntad bloquear
   al espíritu 130
17 Bloqueos y bendiciones del intelecto 138
18 Los sentimientos que ayudan
   y los que estorban 147
19 El subconsciente 153
20 ¿Necesita sanidad su alma? 161
21 Lo que usted puede hacer 171
22 ¿Qué decir de la liberación? 190
23 La importancia del cuerpo 197
24 Escaleras hacia el cielo 209

1

La nostalgia del lunes

". . .Neblina matinal en las zonas costeras. ¡Buenos días! Esta es la estación radial KJCO, 1300 kilohertzios. Son las 6:45 a.m."

Bill Carter buscó a tientas el botón para apagar la alegría artificial del anunciador. El radio despertador calló y Bill se quedó dormitando unos instantes. Luego, mediante un esfuerzo de la voluntad, echó de sí las mantas, y se quedó sentado parpadeando ante los rayos solares que hacían diseños en la alfombra. ¡Llegó la mañana del lunes! Le echó otra mirada al reloj. ¡Las 7:00! ¡El tenía que tomar el tren de las 7:40!

— ¿Qué hora es? — preguntó Carol, que igualmente salía de las mantas en que había estado envuelta, mientras trataba de no pensar en el nuevo día.

— Es tarde — le respondió su marido brevemente —. Es mejor que saltes de la cama y prepares algo para comer. No tenemos mucho tiempo.

— ¿Por qué no arreglaste el despertador para que sonara más temprano? — le preguntó Carol algo rezongona.

— Porque anoche estuvimos afuera hasta muy tarde.

— Pasamos un buen rato, sin embargo — respondió su esposa, mientras se cubría con una bata y se echaba hacia atrás la ensortijada cabellera castaña.

Un gemido procedente de alguna parte exigió inmediata atención.

— ¡Mamá! Billy me quitó otra vez el cepillo de peinarme. ¡Haz que me lo devuelva!

Carol suspiró y salió del baño para ir a atender a los pendencieros Jane y Billy, los dos pequeños de la familia Carter.

— Sí, de verdad pasamos un buen rato anoche — le dijo Bill a Carol, cuando ésta regresó después de haber establecido la paz en el baño de los niños —. ¿Pero por qué será que cuando me acuesto me siento muy bien, y cuando despierto me siento tan mal? Y tú misma no eres la representación exacta de la alegría, ¿sabes?

— ¡Ajá! — aprobó Carol —. De todos modos, no permitiré que eso me moleste.

Cuando volvió a pensar en esto, después de que Bill liquidó apresuradamente el pan tostado y el café y salió para la oficina, y los dos niños Carter se marcharon a la escuela, aún quejándose, se dio cuenta de que sí la molestaba este asunto. Se había sentido muy bien la noche anterior, pero ahora no se sentía de la misma manera.

Mientras le untaba mantequilla a otra rebanada de pan tostado, Carol reflexionó algo más. Tal como es típico, ella, como su esposo Bill, había sido debidamente bautizada poco después de haber llegado al mundo. Tan pronto como tuvo suficiente edad, había sido enviada con regularidad a la escuela bíblica dominical. Sus padres, aunque agnósticos, pensaban que eso "le podría hacer algún bien". Tal vez le había hecho algún bien, pensó Carol, mientras se tomaba otro sorbo de café. De la escuela dominical había sido promovida al grupo juvenil, y allí fue donde conoció a Bill. En esa misma iglesia se habían casado, y a ella habían asistido ocasionalmente. Bill no estaba muy interesado, sin embargo, y así lo manifestaba. — En un libro puedo leer la mayor parte de lo que se dice desde el púlpito — decía —. Me parece que había más religión en el grupo juvenil. ¡Por lo menos, ellos hablaban acerca de Dios y de Jesús de vez en cuando!

Carol simpatizaba más con la iglesia: — Oigo lo que dice el pastor Wilkes — decía ella —, y en todo lo que dice tiene razón. Debemos interesarnos más en las minorías y en sus problemas, y en lo que están haciendo las grandes industrias, y en la guerra, y en toda clase de cosas. Pero de algún modo, todo eso es esencialmente habladuría. Me parece que nadie hace mucho al respecto.

— El pastor Wilkes — había dicho Bill sobre esto, con una risita entre dientes — tomó parte en aquella marcha de protesta el año pasado; ¿contra qué era? Creo que era para que no compraran más uvas, o para detener la invasión de un territorio o algo así. Lo criticaron fuertemente algunos miembros de la congregación, ¿no es verdad?

— ¡Ajá! — había contestado Carol moviendo afirmativamente la cabeza —. Pero eso es lo que quiero decir. Necesitó mucho valor para hacer eso. Es obvio que no muchos de los que se sientan a oírlo estaban de acuerdo con él. Estaba prácticamente solo.

— De todos modos, no son muchos los que lo oyen. Esa iglesia está agonizando, Carol. Cuando fuimos la última vez había menos de cincuenta personas.

Así, pues, se había creado un poco de sensación una noche cuando, después de la cena, Carol le preguntó a Bill si le gustaría acompañarla a un culto de oración en el vecindario. Aún podía ella ver la sorpresa en la cara de él cuando puso la taza de café sobre la mesa y dijo:

— Un momento, mi amor. ¿Culto de oración? ¡No, gracias! Asistí a uno hace años, cuando estaba visitando a mi abuelita. ¡Estaba yo muy pequeño y no podía defenderme! ¡Eso fue en su iglesia del campo, y el culto fue insípido! Lo único que recuerdo es que la gente se ponía de pie y le contaba al Señor sus problemas, pero no me parecía que esperaran que El hiciera algo acerca de tales problemas. Hacían unas largas oraciones, y recuerdo que todos se veían muy tristes. Bueno, allí estaba un viejo que habló acerca de una experiencia que había tenido con Dios años antes. Su rostro se le iluminó mientras hablaba. Eso me impresionó. Simplemente, Carol, no soy el tipo de persona que va a los cultos de oración; y de cualquier modo, ¿qué hace un culto de oración en *esa* iglesia?

— Pero Bill, —le había dicho Carol —, este culto no es en la iglesia. Es en la casa de Bob y Sue Jensen los que viven en la casa grande que queda calle abajo.

— ¿En la casa de los Jensen? — la expresión de Bill había cambiado y había hecho la pregunta con incredulidad —. Pero, ¡él es vicepresidente de la compañía Jensen y Stirling, los arquitectos! Una de nuestras mejores firmas. El es realmente un hombre sobresaliente. Tú no estarás tratando de decirme que él le está permitiendo a su mujer tener cultos de oración en su hogar, ¿verdad?

— No, mi amor — le había dicho ella —, no es su esposa; es decir, no es sólo ella. Son los dos: él y ella. Me han dicho que Bob es el que dirige el culto. Cuando vi a Sue en la reunión de la escuela hace poco, me hizo la invitación para los dos.

Entretanto, Bill reflexionaba y ya se había tomado otra taza de café.

— Bueno, supongo que eso no nos haría ningún daño. ¡Incluso pudiera ser bueno para los negocios, y a mi jefe no le desagradaría eso en absoluto! ¡Ah, no! ¡Yo no iría por esa razón! — había agregado Guillermo rápidamente, al ver que a Carol se le nublaba la cara —. Sólo estaba bromeando. Si tú quieres ir, iré contigo. Pero quedémonos cerca de la puerta, como prevención en caso de que las cosas se pongan demasiado pesadas. ¿Está bien?

2

El encuentro

Hallaron repleta la sala de la casa de los Jensen. Carol echó una mirada alrededor para ver si estaba presente alguien que pareciera autoridad de la iglesia, y distinguió a un joven simpático de camisa negra y cuello blanco que estaba sentado en un rincón. Recordó que los Jensen era episcopales y pensó que probablemente fuera su pastor. Sin embargo, cuando comenzó el culto, no fue el clérigo quien tomó la dirección, sino Bob Jensen. Cantaron algunos himnos, ¡y eran divertidos! Se parecían más a la música popular que a los himnos que ella recordaba de la iglesia. ¡Y la gente estaba cantando de veras! Carol le echó una mirada de reojo a su marido, ¡y se sorprendió al ver que él estaba haciendo un esfuerzo por unirse al canto!

Luego de cantar un rato, sucedió algo más alarmante. Bob dijo: — ¡Alabemos a Dios! — ¡Y de inmediato procedieron a hacerlo! Carol recordaba lo suficiente su corto paso por la iglesia, y sabía lo que era alabanza. Significaba cantar un himno lenta y tristemente, leer un salmo, "ir a la iglesia" en general. Pero esta gente parecía tener un concepto algo diferente.

Todos se unieron, y como un coro de voces surgió en torno a ella: — ¡Gracias, Dios mío! ¡Jesús, Tú eres maravilloso! ¡Alabado sea Dios! Sintió algo de deseo de emprender la retirada. Le echó una mirada a Bill.

Ciertamente él no sobreviviría a esto. Sin embargo, cuando lo miró tenía la cabeza inclinada y los ojos cerrados. Luego notó que varias personas tenían las manos levantadas, tal como ella las había visto en algunos cuadros bíblicos antiguos. La mujer que estaba al lado de ella las tenía levantadas, y Carol la conocía. Era la esposa de un profesional del pueblo; ella misma era líder en la sociedad local. ¡Tal vez lo que impidió que Carol fuera víctima del pánico completo fue el radiante aspecto que había en la cara de esta mujer!

— Algunos de ustedes — dijo Bob cuando las voces hubieron disminuido — no les conceden mucha utilidad a la religión ni a la iglesia. No hablemos de eso. Sue y yo asistimos a la iglesia. Somos episcopales — dijo, mientras le sonreía al joven pastor —. El reverendo Waters lo sabe. Pero el meollo del asunto, lo sustancial, no es si vamos a la iglesia, o si tenemos alguna clase de creencia religiosa; sino si hemos llegado a conocer a Dios como un amigo personal.

— Algunos se sienten muy solitarios y atemorizados en este mundo. No saben quiénes son, ni a dónde van, ni que sentido tiene todo lo que ocurre. Eso es lo que se llama "estar perdido". También saben que necesitan que se les perdonen las cosas tercas que han dicho y hecho. Habrá seguramente quienes estén haciendo la prueba con la meditación trascendental o con algo parecido, para ver si pueden conseguir algo de paz y gozo. Algunos piensan que van a comprar la felicidad, si logran obtener suficiente dinero para comprar una nueva casa, un nuevo carro, un yate, o algo por el estilo; pero los que ya han logrado el éxito en los negocios saben que esa tampoco es la solución. Me presento como ejemplo. No soy rico, pero he obtenido lo suficiente. Tengo una gran familia, un hogar agradable, y toda clase de cosas, pero hasta hace un par de años me sentía desdichado. Tuve el gusto de invitar a algunos de ustedes para que estuvieran con nosotros esta noche porque quería contarles lo que me ocurrió.

Bill estaba escuchando con mucha atención.

— Siempre pensé que el cristianismo era cuestión de guardar normas — continuó Bob —. Ya saben, ser honrado en los negocios, bueno con los vecinos, y todo eso. Para mí, Jesucristo era alguien que estaba arriba en el cielo, o un personaje de la Biblia. Supongo que siempre me lo imaginé con un largo manto blanco, con una alargada cara triste, con cabellos largos y una gran barba. Estoy convencido de que muchos de ustedes saben de qué estoy hablando.

— Para mí, la religión era, bueno, algo pasado de moda y aburrido, y probablemente estaba a punto de abandonarla. Pero aun así, la religión era parte de la vida social correcta: creer en Dios, y en la madre, y en todo eso; y no fui lo suficientemente rebelde para apartarme. Yo acudía a la iglesia junto con mi esposa Sue con bastante frecuencia; daba un poco de dinero, y hasta trabajé un período en la junta administradora de la parroquia. Yo pensaba: "Bueno, por si acaso hay algo de cierto en este asunto de Dios y la religión, por lo menos sigo dentro, y continúo cumpliendo con mis deberes."

Bob hizo una pausa y luego continuó:

— Pero internamente me sentía infeliz aún. A medida que los días pasaban, me parecía que cada vez la vida tenía menos significado. ¿Saben ustedes lo que me ocurría? Me sentía solitario. ¡Ah, claro! Tenía una simpática esposa y una magnífica familia, y muchos buenos amigos, bueno, por lo menos conocidos. Pero internamente me sentía triste por algo, no sabía por qué.

— Entonces, mientras estaba en viaje de negocios

por la región del norte del Estado, conocí a un hombre que hablaba acerca de Jesucristo, como si estuviera realmente aquí en este momento. Le pregunté: "¿Cómo llegaste a sentirte de ese modo?" Me respondió: "Simplemente le pedí a Jesús que se me hiciera real, ¡y El lo hizo! ¿Por qué no haces la prueba personalmente?"

— Por algún motivo creí al hombre. Yo sabía que necesitaba lo que él tenía. Así que, aunque me sentía bastante ridículo, dije: "Jesús, si Tú eres real, y puedes hacer algo por mí, házmelo saber, por favor." ¡Y El lo hizo! Descubrí que El es real y está vivo, y de repente, mi vida llegó a tener propósito y significado. Ahora sé quién soy, a dónde voy, y qué sentido tiene todo lo que ocurre. Lo que yo necesitaba no era religión, sino una relación personal. Le pedí a Jesús que me perdonara todo lo malo que había hecho, y ahora puedo pedirle que me perdone cada vez que hago lo malo; ¡y eso es a menudo! No tengo que llevar sobre mí una carga de culpa.

— Ahora bien, por supuesto, la iglesia a la cual pertenecía había hablado acerca del perdón y esas cosas, pero por algún motivo, nadie jamás me había pedido que cerrara un trato con el Señor.

Hizo una pausa Bob durante unos pocos momentos, y luego dijo:

— Oiganme, tengo la seguridad de que hay algunos de ustedes que se sienten tal como yo me sentía, y quiero desafiarlos a que traten de hacer un experimento. Hagamos esto en forma verdaderamente sencilla. Cierren todos los ojos, por favor, para que nadie se sienta avergonzado. Y entonces, todo el que lo desee puede decir: "Jesús, si Tú eres real, házmelo saber, por favor. Perdóname todo lo malo que he hecho, y entra en mi vida. Me gustaría aceptarte, Jesús." Para indicar que está haciendo eso, simplemente levante la mano, como si estuviera votando a favor de una resolución en la reunión de un comité. Veremos lo que ocurre.

Carol bajó la cabeza y cerró los ojos. Internamente algo le decía: "Es cierto lo que él está diciendo. Tú necesitas saberlo también." Con vacilación, levantó la mano. Cuando lo hizo, sintió que la inundaba el más extraño y maravilloso sentido de bienestar. Era un sentimiento en que se combinaban el entusiasmo, el gozo y la paz, como si de algún modo supiera que todo iba a salir bien. Conteniendo la respiración, decía: — Jesús, ¡Tú eres real! ¡Gracias! Te acepto. — Inmediatamente le vino un pensamiento: "Bill no puede perderse esto. El también lo necesita." Le iba a susurrar, para tratar de decirle lo que le acababa de ocurrir a ella. ¡Fue entonces cuando se dio cuenta, para su deleite y sorpresa, de que él también tenía la mano levantada!

3

Algo más. . . y el resultado

Así fue como comenzó todo. Mientras regresaban del hogar de los Jensen esa noche, los dos entendieron que eran diferentes. Y el día siguiente fue lo mismo. Comenzaron a asistir regularmente a su iglesia, aunque les era difícil.

—Simplemente creo que Dios nos quiere allí —comentó Carol, y Bill estuvo de acuerdo.

Compartieron su experiencia con el pastor, y éste manifestó algo de interés.

—¡Ustedes se han convertido! —comentó— ¡Que bueno! Algunas personas se convierten. ¡Cuánto me alegra que a ustedes les haya ocurrido eso! —les dijo pensativo.

Después de unos pocos meses, fue Bill el que primero dijo:

—¿Sabes, mi amor? Eso de aceptar a Jesús fue real. Algo ocurrió realmente, pero pienso que lo estoy perdiendo. Le pregunté al pastor qué sería lo que me estaba sucediendo, y él me dijo: "¡Ah, usted se está enfriando! Usted no espera estar en las alturas espirituales todo el tiempo, ¿verdad?" Mi respuesta debía haber sido: "Bueno, sí, de hecho, ¡eso es lo que espero! ¡Necesito eso, en vista de la clase de mundo en que vivo!" Y Carol, tú sabes que los Jensen, y las demás personas que se reúnen con ellos, tienen otra cosa, algo más. Sé que lo tienen.

—Hace algún tiempo he estado pensando —convino ella, porque era obvio — que debiéramos volver a casa de los Jensen. Ellos tenían más que decirnos, pero yo no había dicho nada.

Así que abordaron a Bob y a Sue.

— Bueno, sí — respondió Bob —, ciertamente tenemos más que decirles. Yo iba a pasar por su oficina para sugerirles que volvieran a nuestra casa alguna noche, pero por alguna razón nunca lo hice. Lo siento. ¡Ustedes recibieron la primera parte del asunto; ahora necesitan el resto! Miren, ¿por qué no van esta noche a casa, y hablamos sobre el asunto? ¿Está bien?

Esa noche, Bob y Sue les explicaron lo relativo al bautismo en el Espíritu Santo, la experiencia de Pentecostés. Les explicaron cómo la nueva vida que habían obtenido al recibir a Jesús como Salvador había sido liberada para llenarlos aun más de amor y gozo. Esto los había hecho mucho más conscientes de Dios, y capaces de permitirle obrar por medio ellos, algunas veces de manera maravillosa.

Habían hecho algo más que hablar acerca de esto; Carol y Bill le pidieron a Jesús que los bautizara en el Espíritu Santo, y El los bautizó. Los dos hablaron en nuevas lenguas, tal como lo habían hecho los apóstoles. El gozo y la realidad de su presencia los habían inundado de tal modo que nunca hubieran imaginado que fuera posible. Carol derramó copiosas lágrimas de felicidad, en tanto que Bill se reía y gritaba al mismo tiempo. ¡Estaba tan inundado del gozo del Señor que durante un rato le fue difícil mantenerse de pie!

— Tienen que tener cuidado al regresar a casa — dijo Bob en son de broma —. ¡No querrán ser arrestados por conducir embriagados!

Había sido una noche increíble, y los días que siguieron fueron increíbles también. Los dos despertaban por la mañana llenos de alabanza a Dios y de amor el uno para el otro y para con sus hijos (éstos se sintieron un poco desconcertados al principio). Aun en medio del día, Dios era asombrosamente real. Bill descubrió que podía hablar acerca de Jesús a las personas, cuando se presentaban oportunidades durante los negocios del día. Incluso descubrió que podía manifestarle aprecio a su jefe, que era un poco avaro. Carol estaba tan radiante que la vecina de atrás de la casa le preguntó el primer día: "¿Qué te ha sucedido, Carol?" Ella le contó lo que había ocurrido, ¡y la condujo a Jesús y al bautismo en el Espíritu!

La religión ya no era un asunto privado. Antes, aunque los dos habían recibido a Jesús, habían estado vacilando con respecto a hablar de El. Ahora sentían libertad para hablar y orar juntos. Cuando iban al culto en la casa de los Jensen, al cual ahora comenzaron a concurrir cada semana, algunas veces la presencia del Señor era tan real que pensaban que podían extender la mano para tocarlo.

Hasta los servicios de la iglesia les parecían diferentes; parecían tener más significado. ¡Y la Biblia! Bueno, simplemente "brillaba como un arbolito de Navidad", según lo decía Bill.

¡Y no eran solo sentimientos! ¡Cuando oraban, ocurrían cosas! En la misma calle había una anciana que Carol había conocido por casualidad. La artritis tenía a esta mujer horriblemente inválida, y su corazón estaba en tan mal estado que la mantenía confinada a la cama la mayor parte del tiempo; pero seguía siendo una despierta anciana con un destello especial en los ojos. Un día, Carol se detuvo para ver cómo estaba la anciana.

— ¡Ah, sí! — le respondió a Carol, cuando ésta le preguntó por la salud —. Tengo angina de pecho y este molesto reumatismo. Me mantiene doblada la mayor parte del tiempo. No me gusta, ¡pero ahí está! ¡Supongo que esa es la voluntad de Dios, y la verdad es que no puedo hacer mucho al respecto!

Ante estas palabras, Carol respondió:

— ¡Tonterías! ¡Dios no quiere que usted esté acostada todo el tiempo! El no quiere que usted esté enferma. ¡Esa no es su voluntad sobre usted!

— ¿De qué está hablando, querida? — preguntó la anciana abriendo los ojos —. ¿Se ha metido usted en la ciencia cristiana o en algo así?

— No — le replicó Carol —. En la ciencia cristiana no; sólo en el cristianismo. Mire, ¿le molestaría que ore y le pida a Jesús que la sane?

La anciana señora Cooper se quedó mirando a su joven amiga durante un buen rato. Luego respondió lentamente:

— No, me imagino que no, adelante.

Carol nunca había hecho nada así, pero tomó una mano de la anciana y teniéndola entre sus dos manos, dijo sencillamente:

— Jesús, sé que no quieres que mi amiga esté enferma y adolorida, así que, por favor, sánala. Gracias. — Su valor se le vino abajo, y salió apresurada —. Tuve miedo de preguntarle cómo se sentía — explicó posteriormente.

A la siguiente semana, mientras Carol estaba pasando la aspiradora en la alfombra de la sala, alguien tocó la puerta. Abrió. Era la señora Cooper la que estaba allí de pie con una gran sonrisa en la cara.

— ¡Hola, mi amiga! Simplemente vine a traerle unas galletas que yo misma hice — le dijo mientras movía la bolsa en la mano.

— A... de... lante — le dijo Carol tartamudeando, mientras observaba con asombro la agilidad con que su vecina subía las gradas —. ¡Bueno, se ve usted mucho mejor!

— ¿Mejor? — le dijo la anciana con una risita entre dientes —. ¡Mire lo que puedo hacer! — y procedió a ejecutar unos pasos de danza; luego regresó y abrazó a Carol —. ¡Gracias! ¡Muchísimas gracias a usted por esa oración! ¡Fue eficaz! Ahora hábleme más de todo eso. ¿Cómo descubrió usted eso? ¿Qué ha estado ocurriendo?

Carol le contó toda la historia.

— Bien — dijo la señora Cooper alegremente — estoy lista.

— ¿Li. . . lista para qué?

— ¡Para recibir el bautismo en el Espíritu Santo, por supuesto! Siempre supe que había algo más en ese asunto del cristianismo. Acepté a Jesús cuando niña, pero no me dijeron lo que venía después. Ya no soy joven, y no hay tiempo que perder. Quiero tener lo que usted tiene.

Así fue como Carol oró por primera vez para que una persona recibiera el Espíritu Santo. La señora Cooper, como el etíope del siglo primero (Hechos 8:39), "siguió gozosa su camino".

Entonces comenzaron a interesarse los muchachos en el asunto. Carol y Bill habían vacilado en cuanto a decirle algo a su hijo Tony, que acababa de entrar en la universidad. Hasta ese momento, a él no lo había impresionado mucho la religión; de hecho, más se sentía orgulloso de su agnosticismo. Pero un día después de que sus padres recibieran el bautismo en el Espíritu Santo, Tony los interrogó a la hora de la cena.

— ¿Qué les pasa a ustedes? ¿Descubrieron un nuevo tranquilizante o algo por el estilo? ¡Qué raro! ¡Los dos están actuando como si tuvieran el control del mundo en sus manos!

Estas preguntas de Tony fueron el comienzo de una noche interesante, que dio como resultado que el joven aceptara a Jesús y recibiera el Espíritu Santo.

Para sorpresa de todos, los mellizos fueron los siguientes. Bill y Carol habían comenzado, después de que Tony aceptó a Jesús y recibió el bautismo en el Espíritu Santo, a tener oración en familia. Una noche, mientras los tres estaban orando en voz baja en el Espíritu, ¡no fue poca la sorpresa que se llevaron cuando se dieron cuenta de que los dos gemelos de ocho años de edad estaban allí felices orando junto con ellos! Parecía tan natural como la respiración.

Las personas se cruzaban en el camino de ellos en nuevas maneras, algunas veces maravillosas. Una noche hubo un desastre precisamente en frente de la casa de ellos. De hecho, uno de los carros había ido a parar a su patio delantero. Varias personas habían salido heridas; afortunadamente no hubo muertos. Carol y Bill pasaron toda la primera parte de la noche ayudando en todo lo que pudieron: sirviendo café, facilitando el teléfono, haciendo diligencias, consolando a la gente, orando.

¡Orando! ¡Carol se reía sola al recordar lo que solía pensar con respecto a eso! "Oremos, porque ya no podemos hacer nada más. La oración no puede hacer ningún daño, ¡y pudiera hacer algún bien!" Ahora, la oración había llegado a ser un arma real, eficaz y poderosa.

A ella y a Bill no se les olvidaría con facilidad el hombre que quedó atrapado en el asiento delantero de uno de los carros, con la pierna doblada debajo de él y totalmente retorcida. Los hombres abrieron la puerta por la fuerza y con mucho cuidado lo liberaron. Los paramédicos declararon que la pierna estaba horriblemente fracturada, y acomodaron al hombre lo mejor que pudieron mientras pasaban a la siguiente persona.

— ¿Le molestaría a usted si oramos por esa pierna? — preguntaron Bill y Carol.

— Nooo — gruñó el hombre sorprendido —. No me puede doler más de lo que me está doliendo ya. Adelante.

Cuando Guillermo le puso las manos sobre la pierna, ¡el hombre sintió que se enderezaba! Entonces se sentó de un alto.

— ¿Qué hicieron? — exclamó — ¡Dejó de dolerme! ¡Si hasta creo que puedo usarla!

El hombre luchó hasta ponerse de pie y comenzó a andar aturdido de asombro; un asombro que era compartido por Bill y Carol. La ambulancia lo llevó al hospital, pero allí no pudieron hallar ninguna señal de fractura. La feliz consecuencia fue que este hombre regresó a hablar con Bill y Carol, aceptó a Jesús como su Salvador y también recibió el poder del Espíritu Santo.

— El año pasado — comentó Bill — hubiera hecho todo lo posible para tratar de olvidar aquel accidente que hubo en nuestro patio delantero. ¡Si hubiera podido, hubiera apagado las luces, y hubiera simulado que no había nadie en casa! No hubiera tenido la menor idea sobre qué hacer o qué decirles a esas personas, pero ahora es diferente. Las palabras estaban allí cuando las necesité, y me parecía que sabía lo que debía hacer.

Y así sigue el relato: una y otra vez tuvieron oportunidades para ayudar a otros. Lo más maravilloso de todo era que ahora el amor parecía fluir fácilmente. Carol y Bill siempre habían tenido una buena relación entre ellos, con un mínimo de riñas, pero ahora parecía que estaban en una segunda luna de miel. Incluso los gemelos, que normalmente disputaban por lo menos dos veces al día, ahora rara vez se irritaban. La nueva conciencia que todos tenían de Dios hacía que todo fuera diferente. Ciertamente, la vida nunca había sido tan emocionante ni venturosa.

4

El enfriamiento

El corazón de Carol ardía mientras volvía a pensar en estas cosas. Pero se sentía triste cuando pensaba que había comenzado a ocurrir lo mismo que había pasado después de que habían aceptado a Jesús como su Salvador: se estaban enfriando. No había ninguna duda de que los dos eran diferentes de lo que habían sido antes de recibir el poder del Espíritu Santo, pero por algún motivo estaban perdiendo algo. Las oraciones no eran respondidas como habían sido respondidas al principio. Algunas veces les era difícil recordar los emocionantes sucesos que habían ocurrido sólo unos pocos meses antes. Parecía que la vida estaba cayendo de nuevo en la antigua rutina, iluminada brevemente de vez en cuando con la maravillosa sensación de la presencia de Dios. Algunas veces en el culto que se realizaba en la casa de los Jensen — aún asistían con fidelidad —, había un bello resurgimiento del gozo. Habían pasado un maravilloso rato la noche anterior, recordaba Carol, y mientras regresaban al hogar se habían reído y alabado a Dios conjuntamente, pero aquel estado parecía pasajero.

Los antiguos problemas iban volviendo. Carol pensaba que sus malos sueños se habían ido definitivamente, pero ahora habían comenzado de nuevo. Bill había pensado que su actitud hacia su jefe y hacia su trabajo había cambiado. También había pensado que podía evitar el galanteo con una o dos de las secretarias más bonitas, pero los antiguos sentimientos habían vuelto.

Uno de sus amigos le había ofrecido voluntariamente una explicación:

—Sólo te estás preparando para el gran estirón — le había dicho —. Dios te dio esas cosas emocionantes para llamar tu atención. Tú estabas en una especie de niñez, y esos fueron tus juguetes. Ahora estás creciendo.

La respuesta de Carol había sido la siguiente:

—Yo no siento mucho que esté creciendo; más bien siento como si me estuviera muriendo, o por lo menos, detenida en la mediocridad de una cierta "edad madura espiritual."

Otra amiga los había instado a que se volvieran a bautizar.

—El problema de ustedes es que tienen una base defectuosa.

Esta amiga había sido tan persuasiva, y Bill y Carol se sentían tan desesperados, que fueron con ella un domingo por la noche a su iglesia, y allí se habían bautizado por sumersión. Con esta experiencia, los dos habían sentido una renovación y se habían vuelto a consagrar, pero el avivamiento no duró mucho.

Carol salió de sus reminiscencias y le echó una mirada al reloj: —¡Tony! ¡Es tiempo de que te levantes! — Una respuesta apagada procedente de algún lugar en la parte de atrás de la casa, indicó que Tony se estaba despertando. Carol caminó hacia el fregadero, y comenzó a lavar los platos del desayuno. ¿Por qué, ante todas estas maravillosas experiencias, ella tenía aún altibajos? ¡Y aquellos horribles sueños! ¡Aun después del buen tiempo que habían pasado la noche anterior, había tenido una fuerte pesadilla! ¡La gran diferencia, admitía ella, era que ahora cuando

soñaba que un gran monstruo o algo así la estaba per-
siguiendo, ella invocaba el nombre de Jesús! ¡Nunca
antes había hecho eso! Y cuando lo hacía, todo salía
bien. Se sonrió. Ciertamente, había lógrado algún
progreso. ¿Pero por qué le quedaban todavía esas
horribles pesadillas? ¿Y por qué no se sentía en ese
momento como se había sentido la noche anterior?
Algunos de sus amigos le decían que todo aquello era
psicológico: — Sólo emociones, ¡eso es todo!

No, no era eso. Ella sabía lo que son las emociones:
reírse, llorar, disgustarse o sentirse alocadamente
feliz. Ella se había reído y había llorado cuando había
permitido que Jesús entrara en su vida; y se había
sentido inmensamente feliz en medio de sus lágrimas
cuando había sentido la plenitud del Espíritu Santo;
pero ninguna de las dos experiencias había sido sólo
emoción. Al fin y al cabo, Bill no se había reído ni
había llorado cuando había recibido a Jesús como
Salvador, ¡aunque sí había hecho las dos cosas cuando
había sentido que en él se liberaba el gozo del Espíritu
Santo! Pero esos sentimientos venían de una fuente
más profunda que las emociones. Las emociones no
duran, pero esto les había durado ininterrumpida-
mente durante semanas y meses. Era una profunda
seguridad interna de que Dios es real, y con un gozo y
una paz que ellos nunca habían soñado que fueran
posibles. ¿Por qué se había desvanecido esta maravillosa conciencia?

Bill iba sentado en el tren. En su soliloquio iba
meditando acerca de todo un poco.

— ¡Discúlpeme, señor! Metió su maletín negro
debajo de sus piernas. Aquella rubia de hermosa
apariencia casi la había atropellado.

La siguió con la mirada mientras ella seguía por el
pasillo. "¡Ah! ¡Qué linda!", pensó. Y entonces rápida-

mente apartó los ojos de la joven.

"De cualquier modo, ¿qué clase de hombre soy yo? Jesús dijo algo acerca de 'cualquiera que mira a una mujer para codiciarla', ¿no es verdad? Señor, no sé por qué pude sentirme tan bien anoche, y tan mal esta mañana."

En la siguiente parada, un hombre grande de cara congestionada se sentó junto a Bill. "Tengo que tratar de hablarle acerca de Jesús, ¡pero ciertamente no tengo el deseo de hacerlo!" confesó Bill internamente.

— Bonito día — se aventuró a comenzar la conversación —. Pero su compañero de viaje gruñó una respuesta casi inaudible y cerró los ojos. Con un suspiro interno de alivio, Bill se recostó y miró hacia afuera por la ventana.

— El cristianismo es simplemente la supervivencia de creencias primitivas con respecto al mundo. La idea de un Dios trascendente que está interesado en nosotros es simplemente un retroceso infantil. ¡A todos nos gustaría tener un padre dulce y cariñoso en el cielo! — Era un profesor universitario el que dejaba salir estas palabras despectivas a través de la desgreñada barba que se agitaba. Los estudiantes no parecían estar demasiado interesados, probablemente porque habían oído todo eso antes, con unas pocas variaciones. Sin embargo, había un estudiante que estaba alerta, y angustiado también. Era Tony, el hijo mayor de los Carter.

— ¿Qué te pasa, Tony? — le preguntó una linda morena de cabello largo, mientras le tomaba la mano y caminaban hacia la clase de filosofía —. ¡Tienes mal aspecto! En el culto de oración de anoche estabas realmente entusiasmado con el Señor. ¿Qué te ocurrió?

— ¡El! — dijo Tony lacónicamente, agitando el

pulgar hacia el doctor Waldo, quien estaba preparando sus papeles para la clase siguiente —. Realmente me deja perplejo. Supongamos que tenga razón, y que nosotros estemos equivocados. ¿Cómo lo sabemos? Tal vez lo que pensamos que es una experiencia con Dios es algo completamente emocional y sicológico, tal como él dice. Como quiera que sea, levanta una cantidad de dudas que yo no puedo responder.

La joven se rió alegremente, y dio la vuelta para quedar frente a él.

— !Yo prefiero estar feliz creyendo en Jesús y en el Espíritu Santo, y experimentando lo que experimento, sea emocional o no, que participar del intelectualismo del profesor Waldo y sentirme tan desdichada como parece estar él la mayor parte del tiempo! — Se volvió para seguir caminando junto a él y de nuevo le tomó la mano.

— Todo eso está bien para ti, Kathy — le dijo él melancólicamente, mientras seguían andando. Sus ojos estaban fijos en el cemento gris —, pero mi mente necesita respuestas.

— Entonces, me alegro de que la mía no las necesite — le contestó Kathy con alegría, apretándole la mano —. Te veré esta noche. ¿Está bien?

— Sí, está bien — respondió el joven, aún abatido, y se fue caminando lentamente hacia su próxima clase.

5

Una visita oportuna

Después de haber lavado los platos y arreglado la cocina, Carol se sentó a la mesa con la Biblia abierta. Sin embargo no estaba mirando las páginas; tenía los ojos fijos fuera de la ventana, en el sol que se reflejaba en las verdes hojas de un gran roble. Estaba tratando de orar, pero esa mañana la oración no le parecía real.

— Señor ¿dónde estás? ¿Por qué no siento el deseo de orar? Anoche estuviste tan cerca — dijo, metiendo la cara entre las manos. El suave tono del timbre de la puerta la hizo volver en sí.

— ¡Sue y Bob Jensen! ¡Qué sorpresa tan agradable! ¿Qué los trae por acá a esta hora? ¡Pasen adelante y siéntense!

Carol siempre estaba maravillada con Sue, y ahí estaba ella de nuevo, a las 9:30 de la mañana. Tenía su blonda cabellera cubierta con una pañoleta, no se había maquillado, ¡pero aun así estaba radiante! ¿Cómo lo lograba? Los visitantes pronto se sintieron en casa. Carol les colocó delante la jarra del café y les preguntó:

— ¿Les gustaría tomar café?

— Claro — contestó Sue, mientras se quitaba la chaqueta y la colocaba sobre el respaldo de la silla —. ¿Cómo están las cosas por acá?

— Frenéticas — contestó brevemente Carol,

mientras sacaba del aparador tazas y platos y los entregaba a sus amigos.

— Teníamos razón, mi amor — le dijo Bob a su esposa, mientras se arrellanaba en una silla. Luego se dirigió a Carol —. Nos parecía que el Señor nos estaba diciendo que viniéramos a visitarte. ¡Por eso estamos aquí! Este es mi día libre — le explicó mientras llenaba su taza de café.

— Sí, aquí estamos — agregó Sue radiantemente —. Cuéntanos todo.

— Bueno, son tonterías, me imagino — comenzó Carol —. Nada conmovedor, pero, ¡ay! yo no sé. ¿A dónde se va el gozo? Supongo que esa es la primera pregunta — dijo mientras miraba a sus sonrientes amigos —. ¿Cómo hacen ustedes? — preguntó con las manos abiertas y los hombros encogidos — ¿Cómo lo mantienen?

— No lo mantenemos — dijo Bob, sonriendo mientras colocaba la taza sobre la mesa —. No siempre. Tenemos nuestros momentos, créeme; pero estamos aprendiendo a manejarlos.

— *¿Qué están aprendiendo?*

Sue y Bob se miraron mutuamente.

— Bueno — dijo Sue reflexivamente —, me imagino que lo más importante es que somos a la vez espíritu y alma.

Carol no pareció comprender nada. Hubo una larga pausa.

— Carol — intervino Bob —, Susana acaba de decir que ella tiene un alma y un espíritu — le repitió.

— Sí, lo oí la primera vez, pero no sé de qué están hablando. Suena como muy técnico. Es decir, no estoy al día con la filosofía y todo eso.

— En cierto sentido, supongo que se puede llamar técnico — dijo Bob —, pero el Señor nos dio el cerebro, ¿verdad?

— Creo que tienes razón — dijo Carol asintiendo —, pero no comprendo cómo aprender tales cosas me ayudaría con mis problemas. ¡En realidad son muy simples! Por ejemplo, cómo se mantiene uno alabando al Señor cuando está rodeado de confusión: principalmente la que causan los niños, ¡ustedes saben! Yo los amo inmensamente. ¡Pero eso no hace que sea fácil vivir con ellos! Luego, ¿qué le dicen ustedes a un marido que odia su trabajo? Yo amo a Bill también, muchísimo, pero él no puede soportar el trabajo que tiene. La oficina es un verdadero obstáculo para su vida. Se siente muy bien durante el fin de semana, y especialmente cuando vamos a alguna parte, como cuando fuimos a la casa de ustedes anoche; pero el lunes por la mañana, ¡simplemente se desploma! Estoy hablando en sentido espiritual. También está Tony. El es un gran muchacho, y ustedes saben que aceptó a Jesús como su Salvador, y fue bautizado en el Espíritu; pero ahora está en la universidad, y sólo un mes después podemos ver el cambio que hay en él. Eso que está recibiendo, especialmente en una de sus materias, está comenzando a corroer su fe. ¡Además, estoy yo! Me siento completamente frustrada. Amo a mi familia y a mi hogar, pero algunas veces me pregunto si no hubiera debido continuar con mi educación. Me iba muy bien.

— La decoración interior era tu fuerte — le dijo Sue moviendo la cabeza afirmativamente —, ¿no es verdad?

— ¡Ajá! Había sido aceptada en una alta escuela en la ciudad de Nueva York, pero en vez de ir allí, me casé. Ahora, algunas veces, me siento atrapada. — Hizo una pausa y miró a sus amigos —. ¿Es terrible decir eso?

— No, no lo es — le contestó Sue después de unos momentos de silencio —. Sé de qué estás hablando, sólo que yo era más fuerte al respecto que tú. Yo era defensora de mis derechos, mucho antes de que se presentara la liberación femenina.

— Casi ni puedo imaginarte como propulsora de la liberación femenina — le dijo Carol mientras la miraba con una sonrisa.

— Eso fue algún tiempo antes de que me conocieras. El Señor me sacudió de verdad. ¡Ah! Claro que aún defiendo los derechos de las mujeres, cuando éstas tienen razón y están en concordancia con las ideas de Dios, pero mi terquedad se esfumó — hizo una pausa y sonrió reflexivamente —. ¡Bueno, yo estudié en la universidad, obtuve mi título y pronto me casé! — le dirigió a Bob una mirada amorosa.

— Me alegro muchísimo de que lo hayas hecho — le dijo Bob mientras le devolvía la sonrisa y le daba unas palmaditas en la mano.

— Mira — continuó Bob, recostándose en su silla —, ¿por qué no nos dejamos de misterios y te explicamos de qué estamos hablando? Veamos; tú estás teniendo dificultades con tus sentimientos, ¿verdad?

Carol movió afirmativamente la cabeza.

— ¿Y Tony está teniendo luchas con su intelecto?

— Sí.

— Y Bob y tú, bueno, pienso que están luchando con las decisiones y las frustraciones: él con respecto a su trabajo, y tú con respecto a la carrera que no realizaste, y a la familia que ahora tienes!

— ¡Correcto!

— Por supuesto, estoy seguro de que tú también tienes tus dificultades intelectuales, como también estoy convencido de que Bill tiene problemas con sus sentimientos, y Tony con las frustraciones, y así sucesivamente.

— ¿A dónde quieres llegar con todo esto? — preguntó Carol mientras acercaba la silla y se inclinaba hacia adelante atentamente.

6

Una diferencia importante

— Bueno, ¿no ves que tus problemas se relacionan todos con las emociones, el intelecto y la voluntad? — continuó Bob.

— ¿No es eso casi todo? — preguntó Carol mientras se encogía de hombros y se reía.

— ¡Ah, no! — dijo Sue enfáticamente, sacudiendo la cabeza —. Todas esas cosas son partes del alma. Si eso fuera todo, serías algo así como tu perrita Bola de Nieve — con la cabeza señaló hacia la perra persa de los Carter, blanca y grande, que estaba durmiendo sobre el antepecho de la ventana —. Ella tiene intelecto, ¿verdad?

— Claro que lo tiene — respondió Carol riéndose otra vez —. Más de lo que demuestra, creo yo. ¡Algunas veces es más inteligente que yo!

— ¿Y tiene emociones? — continuó Sue.

— No hay duda acerca de eso.

— ¿Y crees que tiene voluntad?

— Calculo que el 99 por ciento de voluntad, ¡y generalmente para negarse a todo!

— ¿Entonces, Bola de Nieve tiene un alma, es decir, una naturaleza psicológica?

Carol no respondió nada; se les quedó mirando reflexivamente.

— Bien — volvió a entrar Bob en la conversación —,

¿cuál es la diferencia entre tú y ella?

— Bueno, no estoy segura — dijo arrugando la frente —, tal vez ella tenga más pelaje que yo — se aventuró a decir, riéndose.

— Bueno, ¿eres solamente un animal? — le preguntó Sue riéndose también —. Tanto si crees que el cuerpo del hombre evolucionó de una forma animal inferior, o bien que Dios lo hizo separadamente de los animales, hay algo básicamente diferente en él, ¿no es verdad?

— Continúa.

— Nos estás preguntando cómo se puede mantener el gozo del Señor, ¿verdad?

Carol movió afirmativa y anhelantemente la cabeza.

— Bueno, cuando sientes esa clase de felicidad, sabes que es mucho más profunda que la exaltación emocional, ¿no es verdad?

— Claro que sí. Yo podría emocionarme sola, pero eso no es lo que busco.

— Bueno, ese gozo profundo te viene de tu espíritu, donde está tu nueva vida desde el día en que aceptaste a Jesús como tu Salvador y el Espíritu Santo vino a vivir en ti. Pero las emociones vienen del alma.

— Yo siempre pensé que el alma y el espíritu eran la misma cosa, sólo que eran dos términos diferentes que se aplicaban a lo mismo — dijo Carol mientras hacía un ademán con la cucharita del café.

— Son parte de la persona — replicó Bob —, es decir, de ti. Verás; si piensas que tu alma y tu espíritu son la misma cosa, es decir, si piensas que sólo tienes un cuerpo y un alma, o como prefieras llamar a estas dos partes, dejas abierta la puerta a la confusión de varias maneras. Sabes que se nace de nuevo del Espíritu Santo cuando se recibe a Jesús. Se te dijo que eras una nueva criatura. Obviamente, esa nueva criatura tiene que estar en tu parte espiritual. Ahora bien, si actúas de una manera incorrecta, o hablas o aun sientes incorrectamente, es probable que te preguntes: "¿Qué me pasa? Pensé que debía ser una nueva criatura. ¿Cómo es posible que yo tenga pensamientos como los que tengo, o haga cosas como las que estoy haciendo, o diga lo que estoy diciendo? Seguramente no nací de nuevo del Espíritu; y si renací, ¡ya lo perdí!"

— Sí, comprendo lo que quieres decirme.

— Por no reconocer la diferencia entre alma y espíritu — continuó Bob —, diversos grupos cristianos tratan este problema de diferentes maneras. La tradición católica enseña que hay pecados veniales, que la persona puede cometer sin perder la salvación, y pecados mortales, que destruyen la relación con Dios, caso en el cual la persona tiene que confesarse y recibir el perdón para volver una vez más al estado de gracia.

— Entre los protestantes — continuó Bob — la creencia se ha movido desde los que enseñaban que no había manera de que la persona salva se perdiera —"una vez salvo, siempre salvo"— y los que pensaban que hasta un pequeño delito los convertiría en renegados y por tanto, tendrían que regresar al altar, y volver a ser salvos de nuevo. Es la misma idea.

— Pero — preguntó Carol, frunciendo levemente el entrecejo —, ¿no hay manera en que una persona pueda perder la salvación? Quiero decir, ¿estás diciendo tú también que "tan pronto como uno es salvo, siempre es salvo"? ¿Es ahí donde te sitúas?

— No — respondió Bob —, no estoy tratando de decir eso. Si una persona reniega realmente de Jesús, y quiere verdaderamente que Él se vaya de su vida, pudiera tener éxito en echarlo. Él nos ama mucho más que nosotros a Él. De cualquier modo, Él no va a abandonarnos porque no siempre actuemos, ni hablemos, ni pensemos como El quiere que lo hagamos.

— ¿Es esa la razón — interrumpió Carol — por la cual algunas personas andan siempre corriendo en busca de la verdadera iglesia? Piensan que tiene que haber algo malo en su salvación; que tal vez no la hayan conseguido en la forma correcta; de otro modo, no estarían aún haciendo cosas malas.

— Por otra parte — intervino Sue —, la persona pudiera pensar que el gran problema es su cuerpo. Se espera que su parte espiritual esté sintonizada con el Señor, pero no siente que eso está sucediendo, así que le echa la culpa a la parte física, y pudiera someterse a toda clase de cosas: abandonar la comida, las relaciones matrimoniales, cualquier cosa que estimule lo que piensa que es un cuerpo perverso.

— Dispensa que te interrumpa — dijo Carol —, pero, ¿sabías que eso es exactamente lo que está haciendo una amiga mía? Decidió que no le es posible permanecer espiritual mientras continúe teniendo relaciones matrimoniales con su esposo, así que ha decidido dormir sola.

— ¡Aja! — contestó Sue moviendo afirmativamente la cabeza —, creo que sé quién es; luce muy desdichada, y su esposo se ve peor. Es lástima, pues es de suponer que el apóstol Pablo dejó aclarado este asunto hace mucho tiempo cuando dijo que los cónyuges no se deben negar el uno al otro sus relaciones normales.[1] Luego está, por supuesto, lo de la comida y la bebida. Nosotros conocimos a un joven que sólo se alimentó con agua durante cuarenta días, a fin de llegar a ser realmente espiritual. ¡Por poco se suicida también!

— Esa es la razón — intervino Bob — por la cual hay personas que se acuestan sobre lechos de clavos, usan camisas de cilicio y se azotan a sí mismas, tratando de domar el cuerpo; pero todo eso es totalmente errado, porque el cuerpo en sí es inocente.

— No sé qué decir al respecto. ¿No son nuestras inclinaciones físicas las que nos meten en problemas?

— No, nuestras inclinaciones físicas no son las malas — contestó Bob. El mal está en lo que decidimos hacer con ellas. La clase de órdenes que les damos a nuestros cuerpos. El control que ejerzamos sobre ellos es el que los conduce por una buena dirección o una mala. También fue Pablo quien dijo que ponía su cuerpo "en servidumbre", con lo cual quería decir, por supuesto, que lo tenía bajo control. El otro día me pusieron una multa de tránsito. Iba a 50 kilómetros por hora, cuando las señales de la zona decían que debía ir a 35. No le dije al vigilante: "Pero señor, ¡no lo hice yo! ¡El que lo hizo fue mi carro!"

— No — dijo Carol riéndose —, me imagino que no te hubiera salido muy bien.

— Oí una historia una vez — continuó Sue — acerca de un hombre que se había montado en un burro rebelde. El burro lanzó patadas y patadas hasta que terminó por meter un casco en uno de los estribos. El hombre miró hacia abajo y le dijo al burro: "¡Si tú te vas a montar, yo me desmonto!"

— ¡Bien dicho! — exclamó Bob riéndose —, ¡No tenemos que permitir que el cuerpo se meta en el asiento del jinete ni que el burro se suba a la montura! Podemos controlar nuestras inclinaciones físicas, ya sea que actuemos por nuestras propias decisiones, o que reaccionemos ante los estímulos que se apliquen a nuestros cuerpos. Con esto quiero decir que, si uno tiene mucha hambre, y se acaba de sentar a la mesa para disfrutar de una buena comida, pero en ese momento un hombre hambriento toca el timbre de su puerta, le daría su comida, a pesar de sus inclinaciones físicas, ¿verdad?

— Sí, se la daría; aunque es muy posible que no

quisiera dársela — agregó Carol francamente.

— Eso se debe a que el alma dominaría los deseos del cuerpo. Como ves — prosiguió Bob —, cada vez comprendemos más que muchas cosas dependen de lo que decidamos hacer. Los sicólogos están llegando a comprender que aun en ciertas formas avanzadas de demencia, la persona escoge su propio estado.

— ¡Espera! ¡un momento! — exclamó Carol, moviendo las manos desesperadamente —. No me has explicado aún qué es lo que me quieres decir con ese asunto de "alma y espíritu". Todavía no te he comprendido.

— Lo siento — dijo Bob —. Muchas personas han estado confundidas con respecto a esto. Muchos grandes pensadores y teólogos no lo han comprendido, pero parece que hoy el Espíritu Santo está insistiendo en este aspecto. ¿Has leído alguna vez 1 Tesalonicenses 5:23? "Y todo vuestro ser, espíritu, alma y cuerpo, sea guardado irreprensible para la venida de nuestro Señor Jesucristo."

— ¡Ah! — exclamó Carol, y se quedó pensando un momento — !Epa! En aquel . . . magnífi. . . no sé qué, algo de que tú hablaste en la iglesia una vez. Aquello que dijo María, la madre de Jesús, ¿te acuerdas? A mí me gustaba cuando iba a la capilla en la universidad algunas veces. Realmente es bello. — ¡Oh! ya recuerdo: "Engrandece mi alma al Señor; Y mi espíritu se regocija en Dios mi Salvador." ¿De eso estás hablando?

— Ese es el magníficat. ¡Felicitaciones! — dijo Sue —. No había pensado yo en eso. Sí, parece que María conocía la diferencia entre alma y espíritu.[2] Así es como debemos ser: nuestras almas y espíritus deben regocijarse y engrandecer a Dios. Nuestro antiguo pastor solía decirnos que eso era simplemente una manifestación del paralelismo de la poesía hebrea, que consiste en repetir un pensamiento con otras palabras; ¡pero me parece que ahora sabemos más que eso! De todos modos, ya captaste la idea.

— ¡Ea! ¡Qué fantástico! — exclamó Carol, elevando las pestañas —. Voy a buscar otras referencias bíblicas.

---

[1] 1 Corintios 7:3-5.
[2] Lucas 1:46, 47. En el texto griego dice: "Mi alma (*psyjé*) magnifica al Señor, y mi espíritu (*pneuma*) se regocija en Dios mi Salvador".

7

¿Por qué no podemos permanecer libres?

— ¿Has notado en la Biblia que se dicen cosas como las siguientes: "¿Por qué te abates, oh alma mía?" o "Bendice, alma mía, al Señor?"

Carol pensó esto un minuto. Luego extendió la mano y tomó la Biblia del aparador.

— ¿Dónde está ese pasaje que acabas de citar? — preguntó Carol.

— En el Salmo 42.

Carol buscó el versículo.

— Aquí está — anunció —, Salmo 42:5: "¿Por qué te abates, oh alma mía, Y por qué te turbas dentro de mí? Espera en Dios; porque aún he de alabarle, Salvación mía y Dios mío." ¡Ah! Y se repite en el versículo 11, ¡y en el Salmo siguiente también! ¡Dios tiene que haber querido que nosotros entendiéramos esto, ¿verdad? — hizo una breve pausa y agregó —: ¡Sé que es algo animador saber que el rey David, o quienquiera que haya escrito ese salmo, tenía problemas también! Creo que comienzo a entender el asunto. Si yo tengo un espíritu y un alma, entonces, como David, pudiera estar teniendo dificultades en mi alma, aunque esté viva espiritualmente.

— Estás comprendiendo la idea — dijo Bob sonriente —. Y recuerda que David tuvo verdaderas dificultades. Un muchacho escribió una vez en un examen de Biblia: "El único problema que tenía David era una leve tendencia hacia el adulterio."

— Bueno — respondió Carol —, eso no es ningún chiste. Conozco a una joven que aceptó a Jesús, fue bautizada en el Espíritu Santo, y sin embargo ahora está totalmente confundida: se entregó a las drogas y al alcohol, se divorció de su marido, salió embarazada, y tuvo un aborto. ¿Se debe eso a los problemas del alma?

— Muy cierto — convino Bob mientras movía vigorosamente la cabeza —. Probablemente lo que ha impedido que más personas acepten el bautismo en el Espíritu Santo para su vida, es la falsa idea de que hace que la persona sea perfectamente santa — hizo un chasquido con los dedos — así, instantáneamente. Bueno, en algunos sentidos, yo he seguido teniendo mis fallos después de que fui bautizado en el Espíritu Santo.

— ¿Tú? — exclamó Carol asombrada —. ¿Problemas?

Bob se echó hacia atrás y soltó una carcajada.

— Carol — le dijo — ¡no me hagas eso! Estás cometiendo el mismo error que yo hago algunas veces. Voy a un culto y oigo a un predicador que habla acerca de todas las victorias y los triunfos que ha tenido en su vida; y pienso: "¡Tiene que ser algo grande no tener problemas, o simplemente disponer del poder del Señor todo el tiempo!" Pero, ¿sabe? Pensar de ese modo ha provocado muchos problemas. Esa fue la razón por la cual Jesús nos dijo que no le digamos a nadie en la tierra "padre", o "maestro", o "señor". El no se estaba refiriendo a títulos. Está bien que sigas llamando a tu papá, "padre"; que yo llame al que dirige a mi iglesia, "pastor". Está bien que Bill y yo aceptemos el título de "señor". Lo que Jesús quiso decir es que no debemos ser discípulos de nadie, sino de El. No debemos ser seguidores de los hombres.

— ¿Pero qué clase de problemas tienes tú, Bob? — parecía que Carol estaba aún un poco perturbada. Por eso le hacía esta pregunta muy seriamente —. ¿Puedes decírmelo?

— Bueno, mi problema más difícil ha sido mi mal carácter. Yo siempre solía decir que era una persona de alta tensión, muy irritable. Esto se manifestaba mayormente bajo la forma de impaciencia, pero muy frecuentemente explotaba. Pregúntale a Sue.

— Sí, está diciendo la verdad — dijo su esposa con una sonrisa.

— Y quiero que sepas, Carol, que nunca he tenido tantas dificultades con el mal carácter como después de que fui bautizado con el Espíritu Santo.

— ¿Por qué?

— Bueno, como comprenderás, aunque yo no permitía que mi temperamento explotara a menudo, en realidad estaba manteniendo dentro de mí un peligroso animal salvaje. Como lo tenía encadenado la mayor parte del tiempo, no me daba cuenta de lo peligroso que era, y ninguna otra persona se daba cuenta de ello. Pero cuando el Espíritu Santo comenzó a liberar mis emociones, desencadenó el monstruo que yo estaba cuidando. Eso hizo que por lo menos comenzara a cooperar con el Señor en cuanto a hacer algo al respecto.

— No son sólo los problemas morales o emocionales — volvió a tomar Sue el tema —. Las personas que han recibido la plenitud del Espíritu Santo son más sensibles y pueden meterse en otras clases de dificultades, si no aprenden a andar en el Espíritu. ¡Me quedé un poco perpleja cuando supe que una de mis buenas amigas, que estaba "llena del Espíritu", había abrazado una extraña secta religiosa, y otra estaba experimentando con la meditación trascendental!

— Estas son confusiones intelectuales que pronto conducen a confusiones espirituales —intervino Bob—. Mientras estamos en esto, echemos una mirada a Hebreos 4:12 —añadió, deslizando la Biblia hacia su lado de la mesa—. Aquí está, permíteme leértelo: "Porque la palabra de Dios es viva y eficaz, y más cortante que toda espada de dos filos; y penetra hasta partir el alma y el espíritu. . ."

— ¡Ah! —exclamó Carol—. Ya lo comprendo. Yo me había preguntado acerca de ese versículo. Hay muchas cosas que están bien para el alma y que son reprochadas por el espíritu, ¿no es así?

— Así es —convino Bob—. Cuando se entiende la diferencia que hay entre estas dos partes del ser humano, es más sencillo aprender a "andar en el espíritu", de tal modo que el alma pueda ser sanada y corregida. La Biblia habla frecuentemente de "andar en el espíritu"; nunca nos dice que andemos en el alma, ni que sigamos los dictados del alma. Aunque no siempre es fácil separar el alma del espíritu, puedo prometerte que, si permites que lo haga Jesús, quien es la misma Palabra de Dios, que El te mostrará cómo puedes mantenerte libre y llena de gozo. Eso te ayudará a comprender dónde están tus problemas, y a saber qué hacer con ellos.

— Pero Bob —volvió a mirarlo Carol con perplejidad—, ¿estamos divididos en partes? Es decir, volviendo a David, si su espíritu estaba hablando a su alma, ¿significa eso que había algo así como dos personas dentro de él, y que la una podía hablarle a la otra? Todos somos personas de una sola pieza, ¿verdad?

— Estás pensando correctamente —respondió Bob mientras asentía con la cabeza—. No, no es que el espíritu de David le estuviera hablando a su alma; sino que el mismo David estaba permitiendo que su espíritu asumiera la autoridad sobre su alma.

— Sin duda — dijo Carol, mirando reflexivamente a Bob y a Sue —, hay mucho más que decir acerca de esto, ¿no es verdad?

— Tienes razón — repuso Bob. Hizo una breve pausa, y luego sacó un bolígrafo del bosillo de la camisa —. Búscame una hoja de papel, por favor — solicitó —. Quiero hacerte un dibujo.

* * *

Tal vez usted, aunque ya aceptó a Jesús y recibió el poder del Espíritu Santo, se haga algunas de las preguntas que se hacían Bill y Carol. Tal vez usted haya dicho algo así: "Si yo puedo sentirme tan cerca de Dios algunas veces, y verlo obrando maravillas, ¿cómo puedo en otras ocasiones sentirme deprimido y fuera de esa bendición?" Tal vez tenga aún problemas como los de Bill Carter: que no le gusta el trabajo, que se queda mirando a las jóvenes. O como los de Carol: que estaba frustrada con el trabajo del hogar y por habérsele truncado la carrera profesional. O como los de Tony, con sus dudas intelectuales. Tal vez usted se haya preguntado: "¿Cómo puede un cristiano decir algunas de las cosas que yo digo, pensar algunas de las cosas que yo pienso, o hacer algunas de las cosas que yo hago? ¿Por qué me meto en problemas con tanta frecuencia? ¿Estoy descarriado? ¿Me he alejado del Señor?"

Por ahora, dejemos a los Carter y a los Jensen con su conversación y hablemos directamente. Hay mucho más que decir. Pronto le mostraremos a usted el cuadro que Bob le dibujó a Carol, y algunos otros diagramas. La comprensión de estas cosas cambió la vida de Bob y Sue: también lo hizo con nosotros; y puede hacerlo con usted también.

Cuando se recibe por primera vez a Jesús, y el

espíritu nace de nuevo en el Espíritu Santo, ese es un maravilloso día, y la vida luce diferente.

Pero a medida que pasan los días, el gozo de aquel primer encuentro tiende a debilitarse, y aunque no se olvida, la experiencia inmediata queda en un segundo plano.

Si usted ha recibido el bautismo en el Espíritu Santo, probablemente haya experimentado una libertad, un gozo y una sensación de realidad que nunca soñó que fuera posible. ¿Pero está usted ahora tan lleno del gozo en el Espíritu Santo como lo estuvo? Seguramente habrá oído decir que las personas deberían estar encerradas durante los primeros seis meses después de haber recibido el bautismo en el Espíritu, pues sienten tanto gozo y están tan conscientes del Señor que no siempre actúan con sabiduría. Pero tal vez los cristianos más experimentados digan esto en parte por un poco de envidia a la libertad del que está comenzando, y porque desearían sentirse tan emocionados como lo estuvieron en sus seis primeros meses.

Hablamos acerca de madurez, ¿pero nos referimos con eso, como lo dijo Carol, a cierta clase de "mediocridad de la edad madura"? No estamos diciendo que no necesitemos sabiduría, ¿pero es necesario que por ella se pierda el poder y la libertad? Tal vez usted sea diferente. Tal vez no tenga ninguno de estos problemas. Pero para la mayoría de las personas, la pregunta difícil parece ser: "¿Cómo me mantengo en la marcha?"

¿Qué es lo que obra contra la libertad en el Espíritu? ¿Cómo puede usted aprender a mantenerse libre? Para nosotros, un concepto que ayuda muchísimo es la comprensión de que no somos criaturas bipartitas, sino seres tripartitos; es decir, la comprensión de que en nuestros cuerpos moran tanto un alma como un espíritu. Y cuando el alma funciona por su propia cuenta, reprime la libertad del Espíritu Santo, que vive en nuestro espíritu. Por este motivo, no puede obrar en nuestras almas de la manera que quiere.

8

Compréndase a sí mismo

A menos que usted entienda algunas de las verdades básicas acerca de sí mismo, puede comenzar con gran fervor en el Espíritu, sólo para descarrilarse o desanimarse más tarde. Nuestras posibilidades pueden ser desmenuzadas y convertidas en un laberinto de dificultades psicológicas; o pudiéramos equivocarnos doctrinal o moralmente. Satanás lucha duramente para impedir que el poder de Dios continúe fluyendo en su pueblo. A él no le preocupa mucho que los creyentes en Cristo recuerden lo que les ocurrió hace años, o aun el año pasado, mientras piensen: "Estas cosas ya no son para hoy."

Usted sabe lo que es un "cristiano yoyo", ¿verdad? ¡El que tiene muchos vaivenes, muchas subidas y bajadas! ¡Claro! Nosotros también las tenemos. "¿Qué?" podría preguntar usted. "¿Los líderes y escritores cristianos también tienen vaivenes?" Sí, somos humanos, pero el hecho de entender la diferencia entre alma y espíritu nos está ayudando a estar más firmes. Queremos decirle a usted algunas de las cosas que hemos descubierto. Estamos seguros de que también le ayudarán a usted.

Quisiéramos poderle hablar personalmente, y dibujarle algunos cuadros en un pizarrón. Puesto que no podemos, imagínese por favor que sí estamos con usted, y permita que los dibujos que aparecen en este libro sirvan de pizarrón.

Comencemos haciendo una pregunta: ¿Ha pensado usted siempre con respecto a sí mismo que es una persona con dos partes? La mayoría de las personas, incluso las cristianas, dirían: "Tengo un alma y un cuerpo." Es probable que haya quienes digan: "Tengo una mente y un cuerpo." Quieren decir lo mismo; se refieren a que hay dos partes en nosotros: el ser interno y el externo. Al fin y al cabo, parece muy claro que hay dos mundos: el material y el espiritual. El mundo material incluye todo lo que se puede tocar y ver. El espiritual incluye cosas como la mente, el pensamiento, los sentimientos y cualquier cosa que se relacione con Dios o con otros seres espirituales. Nuestro cuerpo físico obviamente pertenece al reino material, y nuestra alma o espíritu, al mundo espiritual.

Este era también nuestro cuadro, hasta que descubrimos que algo muy importante se nos estaba quedando afuera.

Lo que Dios dice acerca de nosotros

La antropología es el estudio de los seres humanos y de sus culturas. Si usted la ha estudiado alguna vez, probablemente se le haya dicho que los seres humanos son un producto que surgió por pura casualidad: "un horrible accidente", como lo llamó un gran físico. Pero necesitamos saber lo que el Hacedor dice acerca de ese producto. Cuando todo lo demás falla, hay que leer las instrucciones del manual. ¿Qué dice el Manual del fabricante (como Harold Hill llama a la Biblia) acerca de esto? ¿Qué dice Dios acerca de nosotros?

El Génesis dice brevemente que Dios hizo el mundo y las cosas que hay en él. No es un tratado científico, pero presenta los hechos básicos por medio de vivas imágenes. Dios hizo el mundo, y separó la tierra del agua; después hizo que la tierra produjera la vida vegetal. Posteriormente, le ordenó al agua que produjera toda clase de vida acuática y aves.[1] Luego, se dirigió a la tierra, y le ordenó que produjera toda clase de animales. Notemos que en cada caso, Dios había puesto la potencialidad en el lugar, y luego ordenó que el agua y la tierra cumplieran aquello para lo cual El los había capacitado (Génesis 1:11, 24).

Pero entonces viene una pausa en el relato. Dios dijo: "Hagamos al hombre a nuestra imagen, conforme a nuestra semejanza... Entonces Jehová Dios formó al hombre del polvo de la tierra, y sopló en su nariz aliento de vida, y fue el hombre un ser viviente" (Génesis 1:26; 2:7). Dios no ordenó que la tierra produjera seres humanos. El mismo los creó mediante un acto separado y especial.

—"En 1961 —escribe Rita—, mi experiencia personal con Dios acababa de ser maravillosamente renovada. Yo había ido a trabajar en el departamento de bienestar social en el estado de Florida, y estaba en frecuente contacto con los desastres que algunas veces la gente crea en su vida. Mis casos eran más o menos como estos:

1. Una madre y un padre intentan abandonar su bebé en una taberna local.

2. Una mujer cuyo marido alcohólico está en la cárcel, está viviendo con otro hombre que tiene 20 años menos que ella. Este la golpeó con una botella de refresco envuelta en una toalla. Sus cuatro hijos están en hogares adoptivos.

3. Una chica adolescente en confinamiento solitario en un hogar de arrestos, después de haberse cortado las muñecas. Procede de un hogar próspero, pero dice que allí no la aman.

Aquellos primeros meses del trabajo me mantuvieron pensando, a veces hasta las primeras horas de la mañana, en las personas que tenían tan grandes problemas y tan desordenada conducta. Una noche, en un seminario sobre la ciencia de la conducta, el conferenciante sostuvo convincentemente que el hombre no es más que un animal. Esas palabras me perturbaron, pues parecían ser confirmadas por mi experiencia diaria; aun así, no me parecían correctas. ¡En primer lugar, ningún animal actuaría como algunas personas que estaban a mi cargo! Esa noche me acosté con la pregunta en mi mente, y cuando desperté por la mañana, parecía como si Dios me hubiera dicho claramente: *Yo soy el Dios trino, y tú fuiste hecha a mi imagen; ¿cómo podrías, entonces, ser animal?* Era una respuesta simple y, sin embargo, profunda; y me lanzó a una investigación para entender lo que significaba que el hombre fuera trino como Dios, que tuviera tres partes.

Los seres humanos son diferentes

Dios unió el espíritu, que era como El, con lo material, "polvo de la tierra", e hizo algo nuevo: un ser humano. No sabemos qué clase de criaturas pudo haber hecho Dios en las regiones remotas de este universo, o en otros mundos que pudiera haber creado, en otras dimensiones inconcebibles para nosotros, pero sabemos que en esta tierra, cuando hizo a los seres humanos, hizo criaturas que estarían entre dos mundos: el espiritual y el material.

Dibujemos un diagrama. El Génesis dice que Dios sopló espíritu en la materia, "y fue el hombre un ser viviente". (Nota del editor en idioma castellano: en hebreo, la palabra utilizada es *nefesh*, que significa "criatura que respira", esto es "un ser animado, con vida". Su correspondiente en griego es *psyjé*, traducida "alma" en castellano.) Así que ahora, además de la dimensión espiritual y la física, tenemos otra: la dimensión de la vida animada, o sea, del alma, o psicológica.

El espíritu recién creado, que descendió de Dios al "polvo de la tierra" (Génesis 2), no era el propio Espíritu de Dios, sino un espíritu hecho semejante al de El. "Creó Dios al hombre a su imagen" (Génesis 1:27). "Jehová ... forma el espíritu del hombre dentro de él. . ." (Zacarías 12:1; ver también Hebreos 12:9). Si nuestro espíritu fuera sólo un pequeño trozo del Espíritu de Dios, no seríamos personas individuales y distintas de Dios; seríamos cierta clase de extensiones de Dios, unidades esclavas manejadas por control remoto.

Dios no quiere que nosotros seamos esclavos. Quiere que seamos sus hijos. La diferencia entre comprar un esclavo y concebir un hijo está en que el esclavo no puede desobedecer ni causar problemas, pues uno lo controla absolutamente; pero el hijo es libre, y puede hacer y ser lo que uno quiera, o no. Se corre un riesgo. ¡Si usted programara un robot para que actúe como si lo amara, eso no significaría mucho! Dios quiere que nosotros podamos decidir por nuestra propia cuenta si hemos de amarlo o no, porque esa es la única manera en que el amor puede ser real.

El espíritu del hombre fue hecho a imagen o semejanza de Dios, para que pueda responderle con libertad. Por el hecho de que el hombre tiene un espíritu, le es posible tener amistad e intimidad con Dios.

El alma

Cuando el espíritu entra en la materia, comienza a existir un tercer principio. "Fue el hombre un ser viviente" (Génesis 2:7). La palabra alma es traducción del término griego *psyjé*. Nuestras almas son nuestra parte *psicológica*. De dicho término griego viene nuestra palabra *psicología*: "la ciencia que estudia lo relacionado con la *psyjé* o alma".

De hecho, esto nos ofrece una manera indirecta de determinar lo que es el alma. ¿Qué clase de cosas son las que estudian los psicólogos?

¿El *intelecto*? Sí, cualquier persona puede consultar con un psicólogo para que le ayude con su pensamiento. Un estudiante universitario, por ejemplo, puede acudir a un consejero para que le ayude en cuanto a cómo estudiar adecuadamente. El psicólogo aplica a menudo tests de aptitud general para determinar la capacidad intelectual.

¿Las *emociones*? Por supuesto: las personas acuden a los psicólogos para que les ayuden con sus sentimientos o emociones: temor, ira, rechazo, etc.

¿La *voluntad*? Sí, la psicología se interesa en la voluntad: cómo es motivada una persona, cómo tratar las frustraciones y conflictos, cómo planificar.

El intelecto comprende la manera de pensar; la voluntad comprende la toma de decisiones; las emociones se relacionan con lo que sentimos. El alma es el *yo*, la naturaleza psicológica, el centro de la personalidad. Es lo que vemos y sabemos con respecto a otra persona. Ya seamos inhibidos o estrepitosos, altamente educados o sólo medianamente, sicológicamente íntegros o dañados, es como una trinidad dentro de nuestra trinidad.

Ahora mismo vamos a aclarar la pregunta que hizo Carol. Tal vez usted también se la esté haciendo. ¡No estamos diciendo que el ser humano esté completamente dividido en varios trozos! Cuando hablamos de espíritu, alma y cuerpo, y luego de las tres partes del alma, es como si estuviéramos describiendo la casa en que usted vive. Es una casa, pero tiene muchos cuartos, y en cada cuarto hay diferentes muebles. La cocina y el dormitorio son lugares bien definidos de la casa, que cumplen con un propósito específico, pero ningún cuarto podría existir por su propia cuenta; sólo es una parte de la casa.

El cuerpo

El cuerpo es el aparato físico por medio del cual el espíritu y el alma hacen contacto con el mundo material. Recibe las impresiones, es decir, la información que viene del mundo físico, y las pasa al alma. Las impresiones le llegan al individuo a través de los sentidos: tacto, gusto, olfato, oído, vista. Algunos investigadores dicen que podemos tener hasta 26 sentidos distintos, entre los cuales estarían el equilibrio, el sentido de orientación en el mundo especial que nos rodea, el sentido cinético (que es el que nos capacita para tocarnos la punta de la nariz en la oscuridad), etc.

El cuerpo influye en el mundo que lo rodea mediante la expresión. Nos expresamos de muchas maneras, pero pudiéramos resumirlas en tres: a través de las manos, lo que hacemos; a través de los pies, los lugares a donde vamos; y a través de la voz, lo que decimos. La intención de Dios era que los seres humanos funcionáramos de la siguiente manera: que el espíritu humano estuviera en comunión con Dios; que a su vez fuera el que inspirara al alma, y que el alma dominara el cuerpo. Este es el puente que debe haber entre el mundo espiritual y la tierra física. Dios quiso tener una criatura que estuviera adaptada a la vida sobre la tierra, y que al mismo tiempo estuviera en comunión con El en el Espíritu. No un esclavo, sino un ser libre que fuera el representante de Dios sobre la tierra. Esta criatura tendría poder y autoridad para dominar la tierra, cuidarla, cuidar a las demás criaturas que hay sobre ella, y convertirla en un lugar más bello y maravilloso (Génesis 1:26-28; 2:15).

Su propósito con los seres humanos era que disfrutáramos tanto de la belleza de la tierra como del placer de la vida física sobre ella, y que al mismo tiempo disfrutáramos de El y de las glorias de su reino celestial. Habría maneras mediante las cuales la gloria de Dios pudiera ser vista en la tierra, puesto que los seres humanos eran imagen suya y por eso pensarían, hablarían y actuarían como El.

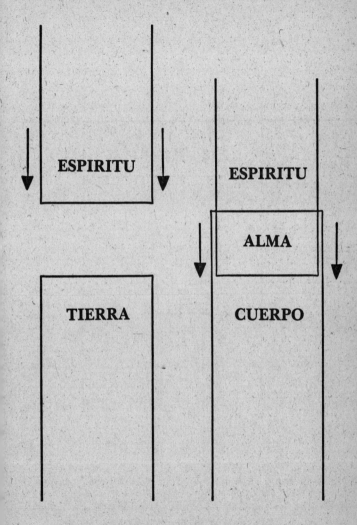

DIOS CREA LOS SERES HUMANOS

UNA TRINIDAD DENTRO
DE UNA TRINIDAD

DIOS

Comunión

ESPIRITU HUMANO

VOLUNTAD

ALMA

EMOCIONES INTELECTO

CUERPO

Manos VOZ Pies

SENTIDOS SENTIDOS

EL MUNDO FISICO

COMO QUISO DIOS QUE FUNCIONARAMOS

9

El gran desastre

En el capítulo precedente pintamos un cuadro agradable; pero si la humanidad se salía del camino, algo malo iba a ocurrir. No hay mucha evidencia de que los seres humanos estén viviendo en comunión con Dios. De hecho, una buena parte de la raza humana parece pensar que Dios no existe siquiera. El sistema político más fuerte del mundo de hoy se basa en la convicción de que no hay Dios. Aun en países de raíces cristianas, como los Estados Unidos de América, es ilegal llevar a Dios oficialmente al gobierno o a la educación. De hecho, se considera de mal gusto hablar de El públicamente, excepto en la iglesia, ¡y aun en muchas iglesias hay que tener algo de cuidado!

Además, si revisamos los anales de la historia humana, difícilmente pensaríamos que la humanidad ha estado en contacto con un Dios amante, o que ha sido guiada por El. La historia, hasta el día de hoy, es un largo recuento de violencias, crueldades y egoísmos, lo que Bobby Burns llamó "la inhumanidad del hombre hacia el hombre".

La mayoría de los hombres aún estaría de acuerdo en que Jesucristo fue la persona más grande y mejor que jamás haya vivido, y muchos creen que era Dios; sin embargo, cuando vino a este planeta, los humanos no fueron muy amistosos con El: lo clavaron en una cruz.

El problema del mal

Los filósofos luchan con "el problema del mal". Si Dios es bueno, y El fue quien hizo al mundo, ¿de dónde viene el mal? Los cristianos respondemos que Dios les dio una libertad auténtica a algunas de las criaturas que hizo, para poder tener amistad con ellas y compartir con ellas su amor. Por eso podrían decidirse a romper esa comunión, rechazar su amor y volverse contra El. Algunas lo hicieron así. La base del mal es esta comunión interrumpida. El mal se origina en el mal uso de la libertad.

Dios creó libres a las personas para que tomaran sus propias decisiones. Quería que los hombres se decidieran a amarlo y seguirlo. En cambio, decidieron que había algo que les faltaba, que Dios les estaba reteniendo algo, por decirlo así, y por tanto, se determinaron a actuar independientemente.

¿Por qué no los protegió Dios de esto? Recuerde que hemos estado hablando acerca del libre albedrío, y de lo que Dios quiso de los seres humanos. El quería que ellos lo amaran libremente; esa es la única manera en que se puede amar de verdad. Por tanto, no podía protegerlos de la tentación de no amarlo. Los seres humanos tenían que aprender por expe riencia.

No hay otra manera. Si un joven está enamorado de una señorita, no puede protegerla de la posibilidad de que se enamore de alguna otra persona. Ella es la que tiene que tomar su propia decisión. ¿Recuerda usted los antiguos cuentos de hadas en que un perverso pretendiente encierra a la bella princesa en una torre para impedir que cualquier otro amante llegue a ella? Si alguien hiciera esto con su amada, podría tener el éxito en mantenerla externamente fiel, pero siempre tendría él el intranquilo sentimiento de que, si su amada tuviera la oportunidad, le sería infiel.

En el tercer capítulo del Génesis, encontramos el relato de lo que les ocurrió a los primeros humanos. El hombre y su mujer, recién creados, vivían felizmente en el jardín del Edén. Dios era amigo suyo. Venía y "se paseaba en el huerto al aire del día". Tenían espíritu, alma y cuerpo perfectos. No conocían nada de dudas intelectuales, ni de trastornos emocionales, ni de luchas con la frustración y con la ambición. Ni sabían nada de la enfermedad ni de la muerte. Tenían el cielo en la tierra. Su vida era gozosa, pacífica y llena de amor. No tenían que esforzarse para ganarse la vida. Tenían todo lo que necesitaban. Todo su trabajo lo hacían por diversión. Ni tenían deberes ni obligaciones. No sabían lo que era estar cansado o aburrido. Todo lo que ocurría era nuevo y agradable. ¡Qué vida!

Sin embargo, ¡la despilfarraron!

La rebelión que se estaba preparando

Quizá esto no hubiera ocurrido, si ellos no hubieran sido influidos por una rebelión que ya estaba en marcha en el universo. Cuando Dios comenzó a crear los cielos y la tierra, por compartir su gozo, creó poderosos seres espirituales para que trabajaran con El. Nosotros los llamamos "ángeles". ¡Esto a menudo trae a la mente el cuadro de una criatura alada de género indeterminado, probablemente con cabellera larga y blonda, vestida con un manto blanco, con aspecto sentimentaloide, o adolorido, o incluso deprimido!

Nada pudiera estar más lejos de la forma en que la Biblia habla de los ángeles. Siempre los describe como poderosos seres masculinos; de hecho, algunas veces son llamados "hombres", o "varones" (por ejemplo, en Hechos 1:10). Cuando ellos se manifiestan, lo primero que dicen es esto: "No temas", ¡y con razón! El ángel que apareció el día en que Cristo resucitó, tenía aspecto "como de relámpago". Cuando tocó tierra, produjo un terremoto, y así atemorizó tanto a los fuertes soldados que estaban vigilando la tumba donde Jesús había sido puesto, que quedaron como muertos (Mateo 28:2-4). Los ángeles también tienen libre albedrío. Fueron y son personas, aunque no tienen cuerpo como nosotros. (Aparentemente pueden aparecer en forma de seres humanos; por lo menos los ángeles y los arcángeles pueden.) Uno de los más distinguidos de estos seres usó su libertad para iniciar una rebelión contra Dios; lo consumía la idea de hacerse igual a Dios. Cuando él quebrantó su comunión con Dios, perdió todo el significado de su propia existencia, y sólo se dedicó a tratar de echar a perder todo lo que Dios estaba haciendo.[1]

En el principio

En la historia del Génesis, el enemigo se presenta enmascarado como una serpiente. Pudiera parecernos extraño que nuestra madre Eva quisiera hablar con una criatura como esta, pero la Escritura dice que era el más "astuto" de los animales: era hábil y mañosa. Puesto que parte del castigo que recibió posteriormente consistía en andar sobre su pecho, se piensa que en aquel tiempo, tenía extremidades; debe haber sido un ser atractivo e inteligente.

Esta criatura puso en aprietos a nuestra madre Eva, diciéndole: "¿Por qué permiten que Dios los mantenga humillados? ¿No saben que ustedes pudieran lanzarse por su propia cuenta, y después serían como Dios mismo, capaces de administrar su propia vida?"

Al principio, él no quiso que Adán y Eva odiaran o rechazaran por completo a Dios, sino sólo que se apartaran de su total dependencia de El, y se lanzaran a vivir por su propia cuenta (Génesis 3:1-5).

Y ellos se dejaron engañar. Creyeron a la serpiente cuando les indicaba que Dios tal vez no les estuviera dando su lugar, sino que estaba tratando de mantenerlos humillados, y que debían reclamar sus derechos. Así fue como declararon su independencia al comer del fruto "del árbol de la ciencia del bien y del mal".

Cuando hicieron esto, realmente le estaban diciendo a Dios: "No confiamos en ti. No creemos que tengas lo mejor para nosotros; así que vamos a salir por nuestra propia cuenta para ver lo que podemos hacer a favor de nosotros mismos." Pero si usted le dice a un amigo: "Yo no confío en ti", en el acto se quebranta la amistad, pues la confianza mutua es esencial para la amistad. No sólo eso, sino que no hay manera de que su amigo renueve la amistad por su parte, por mucho que lo quiera, porque usted no confía en él. Es necesario que intervenga un mediador.

Los primeros humanos pensaron que podrían apartarse de Dios lo suficiente para gobernar su propia vida, y conseguir su ayuda cuando fuera necesaria, pero sin tener que confiar en El totalmente, y sin que El interfiriera en los planes de ellos. De hecho, le estaban diciendo a Dios: "¡No nos llames; nosotros te llamaremos cuando nos hagas falta!" Pero en aquellos días, cuando la comunión se quebrantaba, no había mediador, no había puente que colocar sobre el abismo. El mismo Dios no podía hacerlos volver sin quitarles la libertad y convertirlos en títeres.

Ellos habían pensado que podrían obrar por su cuenta, pero su sueño fue rudamente destrozado, porque habían subestimado excesivamente la situación. Habían pensado en proclamarse neutrales, para poder hacer su propio capricho, pero cuando le dieron la espalda a Dios, inmediatamente fueron reclamados por Satanás, a quien habían decidido obedecer. El enemigo reclamó tal autoridad, y se convirtió en lo que Jesús llamó "el príncipe de este mundo" (Juan 14:30). (A él también se le llama "Satanás", que significa *adversario* u *oponente*; y "el diablo", palabra que viene del término griego *diábolos*, que significa *un calumniador*.)

Este no fue aún el fin de la catástrofe, porque cuando Satanás logró autoridad sobre la tierra, inmediatamente introdujo una invasión de seres perversos: seres espirituales caídos que se habían unido a él en su rebelión, y espíritus demoníacos de todas clases. Los humanos no sólo se hallaron separados de la comunión espiritual con Dios, sino viviendo en un mundo que estaba inundado de tinieblas espirituales, bajo el dominio de Satanás, y rodeados de toda clase de seres espirituales perversos. Por eso Pablo escribe: "Porque no tenemos lucha contra sangre y carne, sino contra principados, contra potestades, contra los gobernadores de las tinieblas de este siglo, contra huestes espirituales de maldad en las regiones celestes" (Efesios 6:12). La tierra se había convertido en territorio ocupado por el enemigo.

Al tentar la serpiente a nuestra madre Eva y a nuestro padre Adán, apeló a su naturaleza física; el fruto era "bueno para comer". Apeló a sus emociones; "era agradable a los ojos", estéticamente atractivo. Apeló también a su voluntad; era "arbol codiciable para alcanzar la sabiduría". También apeló al intelecto: "seréis como Dios, sabiendo el bien y el mal". Tentó su alma y su cuerpo.

Sin embargo, no había tratado de tentarlos espiritualmente; es decir, había mantenido en secreto su identidad, y no había tratado de hacer que se comprometieran con él personalmente, y lo adoraran como a un dios. Ese hubiera sido el siguiente movimiento: invadir y dominar su espíritu. Entonces ellos hubieran quedado bajo su poder sin esperanza alguna, no sólo en cuerpo y alma, sino también en espíritu, totalmente poseídos por él. Para protegerlos, Dios cerró su espíritu.

El espíritu del hombre, cerrado también a Dios

Cuando Dios hizo esto, por supuesto, no sólo dejó al enemigo afuera, sino que El también se quedó afuera. Los humanos no quedaron abiertos a ninguna relación espiritual: ni buena ni mala. Sus espíritus se entenebrecieron y se hicieron inútiles y sin propósito.

Pudiéramos comparar esto con un submarino inutilizado que yace en el fondo del mar. La cuadrilla de rescate no puede limitarse a abrir la compuerta de la escotilla y entrar en la embarcación, porque así entraría también el agua que la rodea a tremenda presión. Del mismo modo, Dios no puede abrir la puerta del espíritu del hombre, porque al abrirla haría posible que entraran los poderes de las tinieblas. Es necesario hacer algún arreglo especial que alcance al submarino desde el mundo que está por encima del agua. Lo mismo es cierto con respecto al hombre caído. La puerta del espíritu del hombre no puede ser abierta hasta que, de algún modo, quede abierta para el mundo que está por encima de las tinieblas.

En el Génesis, después de que Adán y Eva rechazaron a Dios, El cerró el huerto del Edén para ellos, y colocó querubines y una espada encendida para guardar el camino del árbol de la vida. Esto simboliza el cierre del espíritu por parte de Dios.

Dios mismo no puede llegar hasta la raza humana a

través de la puerta espiritual porque El mismo la cerró para proteger al hombre. Para poderla volver a abrir, tiene que hacerse algo para proteger a los seres humanos de las fuerzas del mal que los rodean.

Errantes en la oscuridad

¿En qué estado quedaron los humanos después de haber quebrantado la comunión con Dios? En primer lugar, no tenían orientación espiritual. Esto significa que estaban *perdidos*. ¿Verdad? Si usted no sabe quién es, ni a dónde va, está perdido. Eso es exactamente lo que significa el término cuando hablamos de "almas perdidas". Una persona puede ser "buena gente", amable, amistosa o divertida; un ser humano puede ser un buen vecino, buen deportista, etc., etc.; y aun así ser un "alma perdida", que no sabe quién es ni a dónde va.

A Dennis le encanta contar lo que le ocurrió cuando comenzó a recibir entrenamiento para volar aviones: — Estaba con mi instructor en un avioncito pequeño, volando sobre la ciudad de Seattle. Mi instructor, un tipo muy decidido, como deben serlo todos los instructores, me preguntó: "¿Dónde estamos?" ¡Qué pregunta! Yo tenía el avión recto y a nivel, y a una altitud constante, ¡y él quería saber dónde estábamos! Le di una respuesta sincera (no tenía otra alternativa). Le dije: "No sé." A lo cual mi amigo instructor se volvió un tanto sarcástico y replicó: "Magnífico. Somos puntuales, pero estamos perdidos."

— ¡Qué terrible ilustración de la situación humana! — dice Dennis —. Vamos avanzando con puntualidad. Podemos viajar por encima de la velocidad del sonido, y aun desprendernos de la gravedad de la Tierra para ir hacia la Luna. Los seres humanos disponen de toda clase de maneras para llegar a donde van, pero no saben a fin de cuentas a dónde van realmente, ni siquiera quiénes son, ni por qué están aquí.

Dios le había advertido a Adán que, si desobedecía, moriría; sin embargo, el alma y el cuerpo de Adán vivieron 930 años después de haber desobedecido. A pesar de eso, su espíritu quedó muerto para Dios el día en que se interrumpió la comunión entre ambos.

Notemos que el árbol de la vida no les había sido prohibido (Génesis 2:16, 17). Esto significa que Adán y Eva no habían sido hechos para morir. Sus vidas hubieran podido mantenerse indefinidamente mediante el poder de Dios; pero ahora, tal extensión de sus vidas hubiera sido simplemente perpetuar su desdicha. La muerte se convirtió en una necesidad, la única puerta por la cual podían escapar de Satanás. Esta es la razón por la cual las Escrituras dicen muchas veces que la muerte entró en el mundo a causa del pecado (Romanos 5:12, 17, 21; 1 Corintios 15:21, 56 y otros pasajes); y que "la paga del pecado es muerte" (Romanos 6:23).

Puesto que el espíritu ya no podía ser el guía, el alma se hizo cargo de controlar al hombre. El intelecto dijo: "Yo deduzco. Yo me abro camino pensando. Simplemente, consígueme más información."

La voluntad dijo: "Si podemos esforzarnos un poco más, todo saldrá bien. Lo importante es hallar algunas normas y comenzar a observarlas. Lo principal es ser sincero y decidido, y hacer un esfuerzo."

Las emociones dijeron: "Cualquier cosa que te haga feliz y te ayude a sentirte bien, tiene que ser tu camino a seguir."

Pero ninguno de los tres sabe realmente a dóde va, así que el resultado es la confusión. Y esta es precisamente la situación en se encuentran las personas con que nos encontramos día tras día mientras nos movemos en el mundo de los negocios. Al mirarlas a los ojos, podemos decir que están perdidas. No saben quiénes son ni a dónde van. Están tratando de guiarse a sí mismas mediante el pensamiento, la voluntad y el sentimiento. ¿Qué más puede haber, si no están en contacto con Dios?

Dennis vuelve a decir: — Podemos continuar con nuestra ilustración tomada de la aviación. En un aeropuerto de mucho movimiento puede haber docenas de aeroplanos que quieran despegar, aterrizar, o simplemente volar. Normalmente no chocan unos con otros. ¿Por qué? Porque todos están en comunicación con los servicios de control del tránsito aéreo: control de acercamiento, control de partida, torre de control, control de tierra, etc.; como el que está a cargo del control en tierra sabe dónde se encuentran los aviones, puede decirles a los pilotos dónde pueden volar con seguridad y cuándo es seguro acercarse a tierra o despegar. Hay orden y seguridad en la terminal aérea, porque todos están bajo un "control positivo".

Cuando la raza humana perdió contacto con Dios, los hombres quedaron como aviones privados del contacto con la torre de control, y pronto comenzaron a chocar unos con otros. Esto ya sería suficientemente malo, pero hay que agregar el hecho de que los pilotos de los diversos aviones no sólo están perdidos y confusos, sino también airados y rebeldes, y el escenario está listo para un conflicto real.

La primera pareja humana tuvo hijos, y les pasaron su estado de muerte espiritual. Estos, a su vez, tuvieron sus respectivas familias, y la tierra comenzó a poblarse. Esto era lo que Dios quería que ocurriera, pero, por supuesto, El tenía la intención de que los hombres lo conocieran y lo amaran a El, y que le permitieran guiarlos y protegerlos. Ahora estaban en la oscuridad, rebeldes contra Dios y llenos de sí mismos.

Pronto comenzaron a herirse unos a otros. El primer derramamiento de sangre ocurrió cuando Caín, el primer hijo de Adán y Eva, asesinó a su hermano Abel (Génesis 4). Esta violencia se hizo cada vez más común, hasta que en Génesis 6 leemos: "Estaba la tierra llena de violencia." Como ve, no sólo era que los hombres no sabían a dónde iban, y se herían unos a otros en la confusión, como las personas que huyen despavoridamente de un edificio en llamas. Ahora comenzaron a herirse unos a otros, no sólo por confusión, sino por odio.

Recordemos que también estaban rodeados por las fuerzas espirituales del mal, que tentaban activamente a la humanidad, para tratar de apartarla aun más de Dios; así que los seres humanos se airaban y se rebelaban cada vez más en la medida en que la influencia del enemigo los iba alcanzando. Satanás no podía llegar hasta el espíritu humano directamente, porque Dios le había cerrado la puerta; pero sí podía atormentar el intelecto, la voluntad y las emociones, y también el cuerpo del hombre.

La gente olvidó cómo era Dios

Rápidamente los hombres olvidaron cómo era Dios realmente, lo cual hizo que fuera más fácil para el enemigo hacer que lo siguieran. Estaban cerrados para él espiritualmente, pero él tenía la esperanza de entrar en ellos a través de su cuerpo y su alma, por medio de las cosas que trataría que hicieran, pensaran, sintieran y quisieran; a través de ellas penetraría hasta el espíritu humano.

Pronto pudo hacer que lo adoraran como a un dios, y también que adoraran a los otros malos espíritus. Puede leer en el Antiguo Testamento lo que dice acerca de la adoración que se rendía a seres como Moloc, que demandaba sacrificios en los cuales se quemaban niños vivos en su honor. En otras naciones, los diversos espíritus malos y ángeles caídos tomaron otros nombres e hicieron que los adoraran los seres humanos. Hoy los conocemos como los dioses griegos, romanos escandinavos, y los dioses mitológicos de otras culturas. En el Antiguo Testamento eran llamados "baales", término que se refiere a los malos *señores* o *dioses* de las otras naciones (Jueces 2:11, y otros pasajes bíblicos).

Cuando el diablo pudo lograr la posesión completa del ser humano, pudo utilizarlo para hacer mucho más daño, especialmente si éste ejercía poder y autoridad, como en el caso de los emperadores Nerón y Calígula, o del zar Iván el Terrible, o en los tiempos modernos, de Adolfo Hitler, o José Stalin. Estos dos últimos fueron responsables del asesinato de millones de personas.

El enredo con el mundo de los "fenómenos psíquicos"

Aunque el enemigo no logre que las personas lo adoren de manera activa y consciente, hace que se enreden en los llamados "fenómenos psíquicos." Los tienta a alcanzar con alma y cuerpo el tenebroso mundo espiritual que los rodea en busca de "experiencias espirituales". Cuando las personas buscan adivinos, clarividentes, brujos, hechiceros y otros individuos de esa categoría, con el fin de conseguir poder e información procedentes del mundo espiritual, abren su propia puerta para que el enemigo tenga cada vez más influencia sobre ellas.[2]

A lo largo de todas las Escrituras, Dios nos da advertencias contra todas esas clases de ocultismo o actividades psíquicas. Al hombre se le prohíbe extenderse hacia las tinieblas que lo rodean.

En resumen

El "pecado original" tiene que ver con la situación del hombre separado de Dios. Esta es la que conduce a los pecados reales, las cosas realmente malas que las personas se hacen unas a otras: el engaño, el asesinato, la mentira, el hurto, la traición, el odio, el egoísmo. A través de estas obras malas, el hombre comenzó a amontonar la culpa que lo separó cada más de Dios, y le concedió a Satanás más derecho aún sobre él. De hecho, el enemigo pudo entonces decirle a Dios: "Estas criaturas no sólo se rebelan contra ti y me entregan a mí la autoridad sobre ellas, sino que ahora, ¡mira la clase de cosas que se están haciendo unas a otras!"

Así que el hombre está separado de Dios por varios motivos. En primer lugar, por la acción inicial de quebrantar la comunión con Dios y permitir que las tinieblas invadieran el mundo, con lo cual se hizo necesario que Dios cerrara el espíritu del hombre. En segundo lugar, el hombre está separado de Dios por estar bajo el dominio de "los gobernadores de las tinieblas de este siglo" y cooperar a menudo con ellos. En tercer lugar, está separado de Dios a causa de las cosas malas que les ha hecho a sus prójimos: sus pecados personales.

A este desastre total se hace referencia en teología con el nombre de "la caída del hombre". Fue "caída" en dos sentidos. Primeramente, porque la raza humana fue a caer lejos de Dios; fue separada de Dios, como ya vimos. En segundo lugar, podemos considerarla como una caída del espíritu del hombre en una esclavitud sometida al alma del mismo hombre.

Ahora el espíritu no *está* en capacidad de traer ninguna inspiración u orientación al alma. Además está completamente bajo su control.

---

[1]La gente pregunta: "¿Por qué Dios creó a Satanás?" Dios no creó a Satanás. El creó a Lucifer, un gran poder angélico cuyo nombre significa "el fulgurante". Este se rebeló contra Dios, y así se convirtió en Satanás, el príncipe de las tinieblas.
[2]Si usted desea más información sobre el tema del peligro de lo psíquico, véalo en más detalle en *El Espíritu Santo y tú*, de los autores de este libro.

EL MUNDO FISICO

LA COMUNION QUEBRANTADA Y EL ESPIRITU CERRADO

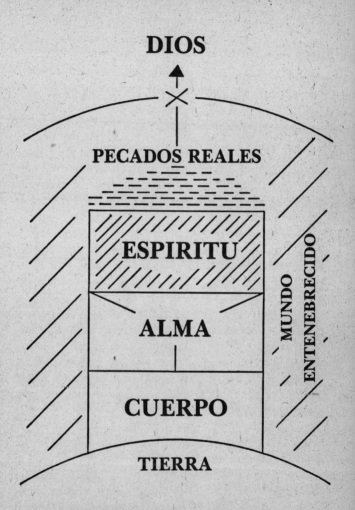

DIOS

PECADOS REALES

ESPIRITU

ALMA

CUERPO

MUNDO ENTENEBRECIDO

TIERRA

TRIPLE SEPARACION

10

De nuevo en contacto

Dios hubiera podido desechar al hombre y su mundo por considerarlo como una horrible equivocación, aniquilarlo y volver a comenzar en alguna otra parte; pero no lo hizo así. Si sus hijos se levantaran contra usted, tomaran su casa y no le permitieran entrar, usted no incendiaría la casa con ellos adentro para resolver el problema, ¿verdad? O, para cambiar la ilustración, si en una película del oeste, cuando el villano ha atrapado a la heroína y la está utilizando como escudo, el héroe no le dispararía al villano, porque entonces mataría a la heroína, lo cual estropearía la historia, ¡para no decir nada de lo mal que quedaría la heroína! Dios ama a las criaturas humanas que hizo, y no se dará por vencido con respecto a ellas. La Biblia nos dice cómo ha tratado Él de penetrar de muchas maneras en la oscuridad para colocar un puente sobre la brecha que se abrió entre Él y la humanidad.

El hombre quedó espiritualmente separado de Dios, pero aunque Satanás le usurpó la autoridad al hombre, no pudo echar a Dios del mundo físico. Esta es la razón por la cual el mundo de la naturaleza es una contradicción. ¿No se ha preguntado usted alguna vez por qué la naturaleza puede ser a la vez tan bella y tan horrible? Por una parte, están los ríos y mares, los árboles y las montañas, los fascinantes animales, las aves y los peces; y por otra, la crueldad y la brutalidad de los dientes y las garras de la naturaleza: la violencia y la destrucción de los huracanes, los terremotos y las inundaciones.

De este modo, Dios puede aún llamarle la atención al hombre a través de su naturaleza física, que es su cuerpo, y tan pronto como capta su atención, puede influir en su alma, y finalmente llegar a su espíritu a través de ella. De este modo, Dios pudo mantenerse en contacto con la raza humana y tratar de protegerla del enemigo y de sus engaños, hasta que pudiera resolverse el problema básico y se restableciera una relación plena.

Muy al comienzo, nos dicen las Escrituras que Dios tuvo éxito con un hombre llamado Enoc. "Caminó, pues, Enoc con Dios", y la Escritura dice sencillamente: ". . .y desapareció, porque le llevó Dios" (Génesis 5:24). Fue algo así como una ofrenda de primicias que recibió Dios de entre el número de otras personas que escogerían a Dios, y no a Satanás.

Comenzó con nuestro padre Abraham

En su mayor parte, sin embargo, fue una triste historia. El mundo se llenó tanto de violencia que Dios, según el Génesis, tuvo que tomar la medida drástica de raerlos de la tierra a todos mediante un diluvio. Sólo dejó con vida a la familia de Noé (Génesis 6-9). Pero no mucho tiempo después, ya el hombre estaba de nuevo metido en problemas. La influencia del enemigo era sumamente poderosa. En Génesis 8:21 se declara que el mismo Dios dijo: "El intento del corazón del hombre es malo desde su juventud. . ."

Dios no podía tener comunión con personas que estaban adorando a otros dioses, sacrificando a sus hijos, etc. El tenía que encontrar a alguno que le prestara atención sólo a Él, y que viviera como Él quería.

Entonces logró captar la atención de un hombre llamado Abram, miembro de una tribu errante del norte de Arabia. Así fue como le dijo a Abraham (le cambió el nombre): "Vete de tu tierra y de tu parentela, y de la casa de tu padre, a la tierra que te mostraré. Y haré de ti una nación grande, y te bendeciré, y engrandeceré tu nombre, y serás bendición. . . Y serán benditas en ti todas las familias de la tierra" (Génesis 12:1-3).

Abraham aceptó la oferta de Dios, y el Señor se encargó de cuidarlo a él y a su familia; trató de enseñarles cómo era Él, y cómo quería que ellos vivieran, para poder trabajar a través de ellos con el propósito de alcanzar al resto de la humanidad.

Para lograr esto, estableció una especie de "cuarentena", y comenzó a separar a la familia de Abraham del resto de la humanidad. Esto no se debió a que rechazara al resto del mundo, sino a que amaba a toda la raza humana y tenía un plan para rescatarla de las garras del enemigo.

Este pueblo especial necesitaba un lugar para vivir; así que Dios les dio la Tierra Prometida, una faja de territorio fértil situada en la costa oriental del mar Mediterráneo, en el mismo corazón del mundo antiguo.

La elección de Isaac

Dios comenzó a reducir las cosas a medida que la gente tomaba sus decisiones. Abraham tuvo dos hijos; Dios escogió a Isaac para trabajar por medio de él. Isaac también tuvo dos; Dios escogió a Jacob como sucesor. Jacob tuvo doce; éstos fueron antepasados de las doce tribus de Israel. Lamentablemente, cada vez que los israelitas se hacían fuertes, algunos de ellos decidían hacer lo mismo que Adán: "Ya no necesitamos a Dios. Podemos manejar las cosas nosotros mismos. ¡Invocaremos a Dios en caso de que lo necesitemos!" Y no sólo eso, sino que quebrantaban continuamente la "cuarentena" y participaban de la adoración a los espíritus malos.

La elección de Judá

A través de los siglos, diez de las tribus fueron eliminadas, y de las dos restantes, Dios escogió a una: la tribu de Judá (de donde nos viene la palabra *judío*). Durante todo este proceso, los escogidos perdieron la Tierra Prometida durante algún tiempo, pero regresaron a ella milagrosamente. . . al menos unos pocos de ellos, para que el plan de Dios pudiera cumplirse.

Cómo los movía el Espíritu de Dios

En aquellos días, Dios podía llegar al cuerpo del hombre, aunque no podía hacer contacto directo con él a través del espíritu. Algunos de ellos, lo único que pudieron recibir fue un derramamiento temporal del Espíritu Santo; pero Dios estaba dispuesto a que esto sucediera, aunque algunas veces diera como resultado que los hombres usaran mal este poder.

¡Tomemos a Sansón, por ejemplo, quien bajo la influencia del "Espíritu de Jehová", descendió y mató a treinta hombres, tomó sus despojos, y con ellos pagó un enigma que alguien había explicado! Esta historia no es muy edificante que digamos (Jueces 14:19). Sin embargo, no hay duda alguna de que fue el Espíritu de Dios el que le dio al cuerpo de Sansón fuerza sobrehumana en esta y en otras ocasiones. El alma de Sansón era indisciplinada y terca, y así fácilmente pudo utilizar mal la fuerza que el Espíritu Santo le había dado a su cuerpo.

Cuando el Espíritu podía penetrar más profundamente en la naturaleza humana, tocaba el alma. Así pudo darle a José la sabiduría para que llegara a ser el hombre más importante de Egipto después de Faraón. El mismo Faraón reconoció que el Espíritu de Dios inspiraba a José (Génesis 41:38).

En este sentido, Bezaleel, el hombre que hizo tantas cosas bellas para el tabernáculo, es un caso interesante. Dios inspiró tanto su alma como su cuerpo, puesto que necesitó al mismo tiempo inteligencia, sentido estético, y también destreza física (Exodo 31:3).

En algunos hombres, el Espíritu Santo pudo llegar hasta el espíritu. Esto les dio la capacidad de ser profetas.

En la Biblia, un profeta o profetisa no es una persona que tiene la facultad de predecir lo futuro. La palabra hebrea significa, *persona inspirada*. El término griego designa a *uno que dice las cosas con anticipación* (no alguien que adivina). Los profetas fueron personas que le abrieron tanto la puerta a Dios, que El pudo comunicarles mensajes que quería que ellos les transmitieran a los demás: "Así dice el Señor."

Ciertamente, esto a menudo dio como resultado que ellos predijeran las cosas que habrían de venir; pero en la Biblia, lo típico es lo siguiente: "Si no hacen esto o aquello, entonces sucederá tal y tal cosa." Para el profeta, lo futuro es simplemente lo que Dios va a hacer, no un destino fijo y predeterminado.

El plan de Dios

En todo esto se hallaba comprendido un plan increíble de Dios. El iba a venir a la tierra para que los hombres pudieran ver y experimentar cómo era El.

Puesto que no podía llegar hasta ellos a través de la puerta espiritual, vendría físicamente, como parte del mundo material. No podía venir con su poder y gloria; el mundo en su maldad no hubiera podido sobrevivir. Su plan era venir como hombre entre los hombres. Viviría entre los seres humanos y sería como uno de ellos.

Dios le había dicho a Abraham: "Bendeciré a los que te bendijeren, y a los que te maldijeren maldeciré; y serán benditas en ti todas las familias de la tierra" (Génesis 12:3).

Toda esta selección y reducción que Dios había estado realizando tenía el propósito de llegar hasta un punto en una Persona. Esta Persona iba a ser la "Simiente" a través de la cual podrían ser benditas todas las familias de la tierra.

La elección de María

El proceso de reducción se concentró en una joven judía que estaba comprometida, pero no casada: María de Nazaret. Dios envió al ángel Gabriel para que le anunciara que ella iba a ser la madre de un niño sumamente especial. (Aun en este momento decisivo, Dios respetó la libertad de la voluntad humana. María hubiera podido decir: "No". Entonces, quizá Dios hubiera necesitado más años para llevar a cabo su plan.) María consintió, aunque eso significaba arriesgar su reputación, y tal vez hasta su vida. Los judíos aún tenían oficialmente en vigencia la pena de muerte para una mujer que diera a luz un hijo ostensiblemente fuera de la relación matrimonial. El Espíritu de Dios tocó el cuerpo de María, y así fue concebido Jesús.

El hijo de María habría de ser totalmente Dios y totalmente hombre. Iba a ser el Redentor que resolvería el triple problema del hombre. Dios le había hablado al hombre a través de la oscuridad. Algunos habían oído, pero la solución real comenzó cuando Dios penetró en las tinieblas para llevar a cabo su Encarnación.

La Realización del plan

"Cuando vino el cumplimiento del tiempo", es decir, en el momento preciso en que todo estaba listo, Jesús fue concebido y nació (Hebreos 10:5). Dios no se vistió de un cuerpo humano como si fuera una máscara o un disfraz; se hizo realmente humano; se unió permanentemente a la carne humana.

Esta es la razón por la cual la enseñanza sobre el nacimiento virginal de Jesús es tan importante. El Espíritu de Dios fertilizó realmente el óvulo humano de tal manera que el feto fuera verdadera y físicamente Dios y hombre a la vez.

¿Cómo podía Dios hacerse humano? Esta pregunta desconcertó a aquellos en medio de los cuales El nació y creció, ya que no comprendieron lo que posteriormente llegaron a entender: que Dios en sí es una "comunidad divina"; tres personas totalmente distintas la una de la otra, y sin embargo, perfectamente unidas en una sola Deidad. La segunda Persona fue la que vino a esta tierra y se hizo Hombre. Lo llamamos Dios Hijo. Aunque su relación con el Padre es mucho más maravillosa de lo que pudiera ser cualquier relación padre-hijo, no es menos que eso, y con esos términos la podemos entender mejor.

Jesús nació y creció física y sicológicamente como los demás seres humanos. "Y Jesús crecía en sabiduría y en estatura, y en gracia para con Dios y los hombres" (Lucas 2:52). La sabiduría se refiere al alma, *psijé*, y la estatura, al cuerpo. Jesús tenía espíritu, alma y cuerpo, como nosotros. Pero su Espíritu siempre estaba en comunión con Dios.

¿Cómo era Jesús cuando estaba pequeño? ¿Andaba haciendo milagros, como dicen algunas leyendas antiguas? ¿O era un muchacho normal? Cuando trabajaba en el taller de su padre, si alguna cosa no quedaba muy perfecta al terminarla, ¿Jesús la ajustaba milagrosamente, como dice otra leyenda? No. Hasta donde sabemos, Jesús no hizo ningún milagro hasta los treinta años de edad. Cuando regresó a su pueblo, después de haber comenzado su ministerio, la gente no decía: "¡Ah, Jesús ha regresado a casa! Estamos muy orgullosos de El. Ha estado haciendo en otras partes aquellos milagros que solía hacer en su pueblo." No. Lo que dijeron fue algo como: "¡Bueno, al fin volvió el hijo del carpintero! De todos modos, ¿quién se piensa que es? ¡Veámoslo hacer algunas de las cosas que dicen que ha estado haciendo en Capernaum!" Ellos no creían en El; y en aquellos días pudo hacer muy poco en Nazaret.

Jesús tenía treinta años de edad cuando comenzó la obra que había venido a hacer, pero antes de eso fue bautizado en el Espíritu Santo. El Espíritu Santo había estado siempre en El, desde el mismo comienzo de su vida en la tierra, pero necesitaba ser liberado con poder, para que ese poder pudiera comenzar a derramarse (Lucas 3:22; 4:1, y otros pasajes). El anduvo haciendo la clase de cosas que su Padre hubiera hecho. "Anduvo haciendo bien" (Hechos 10:38). En toda oportunidad que tenía, sanaba las enfermedades. Echaba fuera los espíritus malos. Hizo todo lo posible para corregir la confusión que se había hecho en el mundo después de que cayera en manos de Satanás.

Las represalias del enemigo

Satanás, por supuesto, tomó represalias tan pronto

como pudo. Levantó a algunos de los líderes religiosos y políticos contra Jesús y éstos finalmente lograron que fuera condenado a muerte como si fuera un peligroso agitador. Jesús, por supuesto, no tenía que permitir que esto ocurriera, pero sabía que su muerte era necesaria para rescatar a la raza humana; así que permitió que lo arrestaran, lo juzgaran y lo crucificaran (Mateo 26:53; Juan 18:6, y otros pasajes).

Al morir Jesús, hizo la cancelación completa de todas las cosas malas hechas por los humanos, desde el comienzo hasta el fin de la historia. Las Escrituras dicen que, aunque Jesús no cometió pecado, fue "hecho pecado" por nosotros. Como el macho cabrío del Antiguo Testamento, Jesús llevó sobre sí nuestros pecados en la cruz, y de ese modo experimentó la separación que causa el pecado.[1] Antes de morir, exclamó: "Dios mío, Dios mío, ¿por qué me has desamparado?" Durante un tiempo, El experimentó lo que es el mismo infierno: la separación de Dios.

Luego, cuando le fue restaurada la comunión, Jesús dijo: "Padre, en tus manos encomiendo mi espíritu" (Marcos 15:34; Lucas 23:46), y entonces se permitió morir. El "realizó una muerte", o "llevó a cabo su partida", como está escrito en Lucas 9:31.

Después de morir, invadió las tinieblas hasta su mismo fondo, y fue a donde estaban los que permanecían retenidos como "encarcelados" (1 Pedro 3:19). Quienes lo aceptaron, fueron libertados por El, y lo acompañaron de regreso a la casa del Padre. El "llevó cautiva la cautividad", como dijo Pablo a los efesios (Efesios 4:8).

Jesús pagó nuestra deuda

Todo esto era parte del plan. A través de Jesús, Dios se identificó completamente con nosotros: espíritu, alma y cuerpo. Cuando Jesús se dejó matar por los poderes de las tinieblas que infestan el mundo, canceló todo derecho que tuviera Satanás sobre los seres humanos, a causa de las horribles cosas que habían hecho y que aún habrían de hacer.

Imaginemos a un joven que acude ante su padre y le dice: — Papá, ¡tengo que hablar contigo! He estado desfalcando dinero en la firma para la cual trabajo. Llega ahora a una cantidad de cien mil dólares, y lo he gastado todo. ¿Qué debo hacer?

Su padre le podría decir: — Bueno. . . está bien, hijo. No te preocupes por eso. Al fin y al cabo, tú eres hijo mío, y yo te amo. Está bien. ¡Olvídalo!

El hijo se sentiría más afligido aún. — ¡Pero, papá! Te dije que había tomado ese dinero porque sabía que es malo lo que hice y me siento culpable. ¡Pero ahora, tú eres tan malo como yo!

Pero como el padre de nuestra historia es un hombre honrado, en vez de hacer lo que acabamos de señalar, dice: — Hijo, tienes que presentarte ante las autoridades, y confesar lo que has hecho, y recibir el castigo, aunque signifique que tienes que ir a la cárcel. — Eso es justicia. Pero luego el padre agrega —: ¿Sabes lo que haré? Te amo tanto que voy a hipotecar nuestra casa, a vender el carro, a liquidar mi póliza de seguro; voy a hacer todo lo que pueda para pagar tu deuda. Y si me lo permiten, ¡yo cumpliré la sentencia de cárcel que te corresponda!

Dios es justo. El no les podría decir a los seres humanos, por más que éstos sintieran tristeza por haber pecado: — No importa; yo te amo, ¡simplemente olvídalo todo!

Había que hacer frente a las responsabilidades. La deuda de nuestros pecados tenía que ser pagada. De otro modo, Dios no sería justo. Pero con la muerte de Jesús, el mismo Dios se encargó de los pecados, y para cualquier persona que acepte a Jesús, la montaña de pecados que la separa de Dios queda completamente destruida.

Al conspirar para dar muerte a Jesús, Satanás se derrotó a sí mismo. Al morir en la cruz, Jesús canceló la culpabilidad de la humanidad desde el comienzo hasta el fin de la historia, para todos aquellos que lo reciban a El.

Jesús cumplió la sentencia de cárcel que nos correspondía a nosotros; se convirtió en el Rehén que toma el lugar de la protagonista; entró a la casa capturada para reconciliar a Dios con sus hijos rebeldes.

---

[1]A menudo pasamos por alto el hecho de que había dos machos cabríos en la Biblia. Uno era aquella criatura sobre la cual eran colocados simbólicamente los pecados del pueblo; este era llevado al desierto. El otro macho cabrío era sacrificado en holocausto. En Jesús se cumplió lo que aquellos dos animales simbolizaban. En cumplimiento de lo que simbolizaba el macho cabrío que llevaba los pecados, El fue llevado al desierto, donde experimentó la agonía de la separación de Dios durante un momento. En cumplimiento de lo que simbolizaba el macho cabrío del Señor, Jesús se ofreció a Sí mismo perfectamente a su Padre, aunque eso significaba que el odio de los hombres de este mundo tenebroso lo llevaría a una muerte llena de dolor y verguenza. La palabra "sacrificio" no significa necesariamente sufrimiento. Significa ser totalmente obediente, hacer una ofrenda perfecta. Sólo en un mundo malo, el sacrificio exige sufrimiento.

11

La esperanza

¿Puede usted imaginarse que algún día va a visitar a sus amigos, y la señora de la casa le dice orgullosamente: — ¡Quiero mostrarle mi loza limpia y reluciente!? ¡Luego abre el aparador de la cocina, y exhibe la vajilla para que usted la admire! No es probable que nadie haga eso, aunque cuando usted se sienta a comer, se alegra, en caso de que le venga tal pensamiento, de saber que la anfitriona lavó los platos de verdad. Sin embargo, no los lavó para exhibirlos, sino para usarlos. ¡Para llenarlos!

Jesús murió para que pudiéramos ser perdonados, pero si nos quedamos ahí, y no vamos más adelante, eso es como lavar los platos y nunca sentarnos a comer y beber en esos platos y tazas que están tan agradablemente limpios. Si usted nunca tuviera la intención de volver a usar los platos, ni siquiera se molestaría en mantenerlos cerca, a menos que constituyeran alguna clase de reliquia familiar. ¡En este caso sí pudieran estar simplemente colocados en el anaquel para que usted pueda exhibirlos orgullosamente! (¿Habrá personas que sean como esas reliquias?) Jesús no vino sólo a lavarnos y a exhibirnos mientras declaraba: — ¡Miren todos los pecadores perdonados que tengo!

El perdón no es suficiente

Una vez en un país de Escandinavia, a Dennis le

pidieron que hablara en un almuerzo, y lo sentaron junto a un alto funcionario eclesiástico de la región. Después de la charla de Dennis acerca del poder del Espíritu Santo, este hombre le dijo seriamente:

— ¿Sabe usted, Dennis? Mi experiencia con el Espíritu Santo consiste en que diariamente siento el calor de que mis pecados son perdonados. Eso es suficiente para mí.

— Sí — fue lo único que pudo contestar Dennis —, estoy de acuerdo en que esa es la primera obra grande del Espíritu. ¡Pero hay más!

Cuando se habla de la obra expiatoria de Jesús, generalmente se hace referencia a su muerte en la cruz. La palabra "expiación" se usa con el sentido de "pagar por". Pero eso no es lo que significa.[1] La expiación da la idea de reparación, de volver a hacer una sola unidad con las partes separadas. La muerte de Jesús en la cruz fue la que hizo posible la expiación, pero la expiación real ocurre después de que hemos sido perdonados, cuando nos volvemos a unir con Dios.

Digamos que usted ha peleado con un amigo y luego se han reconciliado. Usted va a visitarlo, pero cuando él abre la puerta y lo invita a entrar, usted se queda en la entrada, sonriente y feliz. Su amigo lo ha perdonado, pero mientras usted no entre, la expiación, la reconciliación con su amigo no está completa.

Al morir Jesús en la cruz, canceló las acusaciones que Satanás tenía contra nosotros por las malas obras reales que nos habíamos hecho unos a otros. Pero si esa fuera toda la historia, aún estaríamos separados de Dios (1 Corintios 15:14, 17). Estaríamos sin esperanza de vida; nuestra fe no tendría sentido. Pero Jesús no se quedó muerto. Cuando resucitó de entre los muertos, abrió el camino para que nosotros volvamos a establecer una relación personal directa con Dios. Esta cancelación de nuestro pecado y de nuestra separación hace posible una nueva relación con Dios. Pablo la llama: "Cristo en vosotros, la esperanza de gloria" (Colosenses 1:27).

Como ya vimos, antes de la época de Jesús, en los días del Antiguo Testamento, el Espíritu Santo podía llenar temporalmente a las personas desde el cuerpo hasta el alma y el espíritu. Entre esos individuos podemos citar a Elías, Eliseo, los setenta ancianos que actuaban bajo la dirección de Moisés, el rey Saúl, y otros. Juan el Bautista, que también era un personaje del Antiguo Testamento en realidad, fue "lleno del Espíritu Santo, aun desde el vientre de su madre" (Lucas 1:15). Elisabet, la madre de Juan, también fue "llena del Espíritu Santo" al mismo tiempo, cuando su prima María, que acababa de quedar embarazada con la vida de Jesús, llegó a la presencia.

Sin embargo, Jesús dijo que "el más pequeño en el reino de los cielos" era mayor que Juan el Bautista, porque estos primeros derramamientos del Espíritu de Dios eran sólo temporales. Pero a partir del mismo Jesús, se hizo posible una nueva clase de relación entre los seres humanos y Dios. Jesús nació del Espíritu Santo, y por ser el eterno Hijo de Dios, la segunda Persona de la bendita Trinidad, El y el Espíritu Santo siempre habían estado unidos en perfecta comunión. Jesús fue el primer ser humano que tuvo al Espíritu Santo viviendo permanentemente en El.

Durante el tiempo que El estuvo en la tierra antes de su resurrección, pudo darles el Espíritu Santo a otros en forma temporal, a la manera del Antiguo Testamento. Les dio a sus discípulos poder temporal para sanar enfermos y echar fuera demonios (Lucas 10:1-20, y otros pasajes). Le dio a Pedro temporalmente poder para andar sobre el agua (Mateo 14:30).

En Juan 7:39 leemos que "aún no había venido (permanentemente) el Espíritu Santo, porque Jesús no había sido aún glorificado".

Después de que resucitó de entre los muertos, cuando ya tenía su cuerpo glorificado, pudo dar el Espíritu Santo de una nueva manera, permanentemente: "Y yo rogaré al Padre, y os dará otro Consolador, para que esté con vosotros para siempre: el Espíritu de verdad, al cual el mundo no puede recibir, porque no le ve, ni le conoce; pero vosotros le conocéis," porque mora con vosotros, y estará en vosotros (Juan 14:16, 17) ". . .el agua (el Espíritu Santo) que yo le daré — dice Jesús — será en él una fuente de agua que salte para vida eterna" (Juan 4:14b).

Una nueva relación con Dios

Al llegar la noche del día en que Jesús resucitó, se le apareció a sus amigos en el sitio donde estaban cenando en un aposento alto. Ellos habían recibido algunos informes sobre la resurrección, pero no los creían mucho. Estando las puertas cerradas, Jesús entró en el sitio donde se encontraban, y después de asegurarles que El no era un espíritu, cenó con ellos (Juan 20:19).

La barrera del pecado había sido quitada mediante su muerte, y Satanás había sido derrotado mediante su resurrección; ahora no había nada que impidiera que Jesús les diera el Espíritu Santo a sus amigos de una manera nueva y permanente. Dios había cerrado la puerta del espíritu humano para que no pudiera abrirse al mundo espiritual caído de Satanás que lo rodeaba, el mundo de los fenómenos psíquicos; pero Jesús ya había venido, y había derrotado a Satanás en su propio terreno. Dios podía permitir ahora que las personas le abrieran la puerta de su espíritu a Jesús. El había dicho que era la Puerta (Juan 10:9). El es la puerta del reino espiritual de Dios, y cuando le abrimos nuestra puerta a El, las tinieblas no pueden entrar, pero el Espíritu Santo sí puede. "He aquí — dice Jesús —, yo estoy a la puerta y llamo" (Apocalipsis 3:20).

La voluntad humana está aún presente. Tenemos que abrir la puerta. Jesús, según dicen las Escrituras (Juan 20), "sopló", y luego les indicó que recibieran al Espíritu Santo. Aquí hay dos acciones separadas. Cuando Jesús sopló sobre ellos, les estaba ofreciendo la vida nueva en el Espíritu, pero ellos aún tenían que recibir el Don. El no sopló el Espíritu *en ellos*, sino que sopló *sobre ellos*. A ellos les tocaba permitir que el Espíritu Santo entrara en su vida. Aunque el sol esté brillando afuera, usted tiene que abrir las persianas para que entre en su hogar.

Los discípulos sí decidieron recibir la nueva vida, y así se convirtieron en las primeras personas que "nacieron de nuevo". Su espíritu humano era ahora un lugar santo, un santuario especial situado en el centro de su ser, donde el Espíritu Santo podía hacer residencia permanente. Los primeros seres humanos habían estado en comunión con Dios externamente, y habían quebrantado esa comunión. Ahora la relación con Dios ya no es externa, sino interna, así que no puede ser quebrantada tan fácilmente por sentimientos transitorios ni por acciones descuidadas.

Pablo dice con respecto a esta nueva relación: "De modo que si alguno está en Cristo, nueva criatura es;" es creado de nuevo, regenerado, nacido de nuevo. Una nueva clase de ser humano ha comenzado a existir, en conformidad con el modelo de Jesús. Jesús es Dios que vive en un cuerpo humano, y esa es también la nueva clase de ser humano. La comunión con Dios se ha renovado, pero ya no es externa; ahora tiene lugar directamente dentro de la persona, porque el Espíritu Santo está allí.

A Rita le gusta usar la siguiente ilustración para descubrir lo que Jesús hace a favor del espíritu humano. Ella dice: — Extienda sus manos. Ahora, cierre su mano izquierda: esa representa su espíritu caído, que se atrofió y quedó muerto para Dios. Permita que su mano derecha represente al Espíritu Santo. Cuando usted recibió a Jesús, el Espíritu Santo sopló vida resucitada en su espíritu muerto, y lo revivió. Ahora coloque su mano derecha abierta sobre su puño izquierdo. Esto simboliza que el Espíritu de Dios cubre el espíritu de usted. Abra ahora su puño izquierdo. Eso demuestra que su espíritu recibe la vida de resurrección que le da el Espíritu Santo.

— Ahora, mire de nuevo sus manos. Son distintas la una de la otra. Aunque Dios vive en usted, El es un Ser y usted otro. No es cierto, como algunos enseñan, que cuando usted llega a ser cristiano es absorbido en Dios y ya no continúa existiendo. Dios se deleita en usted como persona independiente. ¡Por todo esto, usted puede levantar las dos manos y alabar al Señor!

— Ahora, entrelace sus dedos. Usted y Dios se han unido permanentemente en una relación de amor. Usted y Dios son uno en el Espíritu. "Pero el que se une al Señor, un espíritu es con él" (1 Corintios 6:17). Aunque usted es aún una persona independiente, sin embargo, está unido con El.

Y esta es una relación firme. ¿No hubiera sido terrible que Jesús sólo hubiera cancelado la deuda de nuestros pecados, y nos hubiera devuelto el mismo estado de inocencia que tuvieron Adán y Eva antes de la caída. Si nuestra relación continua con Dios aún dependiera de nosotros, de lo que nosotros hagamos, y no de su gracia, ¿cuánto tiempo piensa usted que hubiéramos necesitado para volverla a quebrantar?

La imagen de Dios en usted

¡Hay aún mucho más! La primera pareja humana estaba compuesta por criaturas humanas amadas por Dios, especialmente por haber sido hechas a imagen de Dios. Tenían la capacidad de responder a Dios, y de disfrutar de su amistad.

Después de que el Espíritu de Dios viene a vivir en nosotros, nos convertimos en hijos de Dios, parte de la familia. Podemos decir: "Padre nuestro", y experimentar esa realidad. Somos coherederos con Jesús, quien es nuestro hermano mayor. Como el padre le dijo al hijo mayor en la historia del hijo pródigo: "Todas mis cosas son tuyas" (Lucas 15:31b), Dios les dice lo mismo a todos sus hijos.

Cuando decimos que somos hechos a la imagen de Dios, realmente estamos hablando acerca de dos cosas. En primer lugar, estamos diciendo que nuestro espíritu está hecho como Dios, que es Espíritu, de modo que podamos relacionarnos con El.

El significado segundo y más amplio es que somos hechos como El en cuanto a carácter. Un hombre puede tener un hijo que se parezca a él en los rasgos físicos, y no se le parezca nada en personalidad. El padre es extrovertido, el hijo es reservado; el padre es de temperamento tranquilo, el hijo es irritable. Un amigo que los conociera a los dos pudiera comentar:

— Juan es la imagen de su padre; sin embargo, no se parece mucho a él en su temperamento.

Si pudiéramos regresar al huerto de Edén y conocer a Adán y Eva con su gloria recién creada, conoceríamos a dos personas parecidas a Cristo, pues Dios los creó a su imagen en los dos sentidos de la palabra. No sólo fueron hechos como El por tener naturaleza espiritual, sino que eran como El en carácter: Dios expresado en términos humanos. Cuando ellos se apartaron de Dios y quebrantaron la comunión, la primera clase de imagen permaneció; aún tenían espíritu, aunque estaban muertos para Dios. Todavía había la posibilidad de que algún día esa comunión fuera renovada. El "aparato" aún estaba allí, por decirlo así, pero estaba "desconectado". En el segundo sentido de la palabra, la imagen y semejanza de Dios se deshizo rápidamente.

Cuando volvemos a nacer del Espíritu, Jesús hace dos cosas con nosotros. En primer lugar, revive nuestro espíritu para Dios, de tal modo que una vez más podemos comunicarnos con El; en segundo lugar, el carácter de Dios comienza a restablecerse en nosotros. En palabras de Pablo, nos vestimos del hombre "nuevo, el cual conforme a la imagen del que lo creó se va renovando hasta el conocimiento pleno" (Colosenses 3:10). La palabra griega que aquí se tradujo "imagen" significa modelo y semejanza moral y espiritual.

Su semejanza en usted significa que el carácter de El, o su naturaleza, ahora se podrá ver en usted. Si usted responde en conformidad con la reserva de la vida de El que hay en usted, habrá amor cuando usted lo necesite, y también gozo y paz. Podrá perdonar, aun cuando su alma no lo quiera. Cuando sus tendencias físicas y sicológicas necesiten ser disciplinadas, los recursos de Dios estarán presentes para que usted recurra a ellos. El carácter de Dios es realmente el "fruto del Espíritu" (Gálatas 5:22, 23).

¿Qué otra cosa es tan grande con respecto a la renovación del espíritu? Sin ella, Dios no podría vivir en usted. Cada vez que usted peca, el Espíritu Santo tendría que salir, porque no moraría en el pecado.

Usted tendría que nacer del Espíritu una y otra vez. Afortunadamente, por la sangre y la intercesión de Cristo, Dios permanece en aquel santo lugar interno (1 Juan 2:1, 2; 3:8, 9; 1 Pedro 1:23; 3:4; 2 Pedro 1:4; Hebreos 12:23b; Salmo 32:2).

¿Qué otra cosa es el espíritu? Es el lugar secreto donde mora Dios, un lugar de descanso, donde se reciben la sabiduría y la verdad de Dios, donde es posible la comunicación con Dios, un lugar de dirección y orientación, un sitio de vida sin fin o eterna, un sitio de avivamiento desde el cual usted puede comunicarles vida a otros, un lugar de fortaleza. ¿Necesitamos decir más? (Salmo 91:1; Efesios 2:6; 1 Pedro 2:4; Salmo 51:6b; Romanos 8:27; 1 Corintios 2:11-15; Juan 4:23, 24; Salmo 42:7a; Romanos 8:16; Prover bios 20:27; Salmo 18:28; Juan 3:16; 1 Corintios 15:45; Efesios 3:16).

Pablo habla acerca del misterio que ha estado escondido desde los siglos, pero que ahora nos es revelado: "Cristo en vosotros, la esperanza de gloria" (Colosenses 1:27). Sin la vida de Jesús en nosotros, no habría esperanza para nuestra vida, ni para la de los demás; pero con El, hay esperanza para nosotros, esperanza para el mundo, esperanza para el futuro. Cristo en mí, Cristo en usted: la verdadera esperanza.

Si usted no está seguro de que ha recibido esta nueva vida que nos llega por haber abierto el corazón y la vida a Jesús, asegúrese ahora mismo. Utilice las siguientes palabras. Son sólo un esquema que usted puede seguir:

Querido Padre celestial, estoy perdido y sin rumbo. He hecho muchas cosas que me hieren y hieren a otros. Quiero ser diferente, pero no puedo por mi cuenta. Gracias a que Jesús murió y resucitó por mí, te puedo pedir que me perdones toda mi mala conducta y mi rebelión (mis pecados). Acepto tu perdón, Padre. Ahora, Jesús, te pido que entres en mi espíritu. Hazme revivir para ti y para tu Padre mediante el poder de tu Santo Espíritu. Dame nueva vida, nueva dirección y esperanza. Gracias, Jesús, por entrar en mi vida. Sé que estás viviendo en mí ahora mismo. Satanás, renuncio a ti, y a cualquier atadura que tengas sobre mí. Te echo fuera, con todos los demás espíritus perversos, y atados en el nombre de Jesús y con el poder de su preciosa sangre.

Gracias, Padre, por restaurarme el carácter y la semejanza de Jesús. Perdono a todos los que alguna vez me hayan ofendido. También me perdono a mí mismo. Gracias, Padre, Jesús y Espíritu Santo. ¡En el nombre de Jesús!

Es una buena idea que usted escriba esto, para que le quede como recuerdo permanente. Póngale la fecha, y fírmelo.

----

[1]La palabra griega original es *katallagé*, restauración de la comunión, reconciliación.

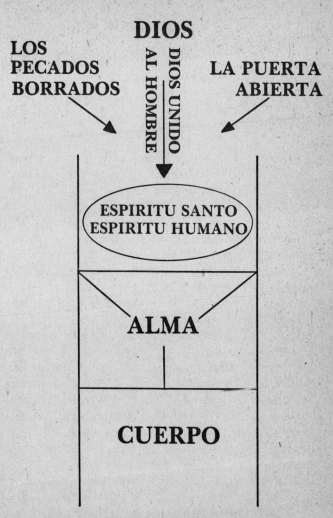

12

Los canales de poder

¡Con esto se deberían resolver todos los problemas! Dios viviendo realmente en las personas, igual que en Jesús. Y ciertamente, los primeros amigos de Jesús fueron por todas partes haciendo lo mismo que El había estado haciendo. Sanaban a los enfermos, liberaban a la gente de los malos espíritus, incluso resucitaban muertos. Había una queja contra ellos: "trastornan el mundo entero" (Hechos 17:6). El mundo ya estaba de cabeza, y los cristianos lo volvieron a poner de pie, pero, por supuesto, ¡el mundo no pensó de esa manera!

Pero, ¡un momento! Aquellas primeras personas no salieron inmediatamente a trastornar el mundo. De hecho, el mismo Jesús les dijo que no trataran de hacerlo. Las últimas instrucciones que les dio fueron estas: "asentad y esperad" (Lucas 24:49; traduciendo mas claramente el griego). ¿Por qué? Porque aún había dos cosas que tenían que ocurrir antes que el pueblo de Jesús pudiera comenzar su obra en el mundo.

La primera era que el Espíritu de Dios tenía que ser derramado "sobre toda carne". Al fin y al cabo, aquellos primeros amigos de Jesús habían estado en contacto directo con El, y por eso pudo darles el Espíritu; ¿pero cómo iba El a alcanzar al resto de la humanidad? ¿Cómo vamos a obtener nosotros esas bendiciones? ¿Alguna vez se ha detenido usted a pensar cómo hubieran sido las cosas si Jesús se hubiera quedado en la tierra después de su resurrección, y nosotros aún tuviéramos que estar en contacto directo con El para renacer del Espíritu, ser sanados, e incluso para hacer llegar una oración al Padre? ¿Puede usted imaginar los miles de millones de personas que estarían esperando en fila para ver a Jesús? Habría que esperar unos 20 años para acercarse a El. Sería una situación trágicamente imposible.

Cómo resolvió Jesús este problema

Damos por aceptado el hecho de que podemos tener contacto con Dios en cualquier momento, y olvidamos que no siempre fue así. Algo tuvo que haber ocurrido antes de que fuera posible que los seres humanos recibieran en todas parte el maravilloso ministerio de Jesús.

Un día, durante su estancia en la tierra antes de su resurrección, estaba hablándole al pueblo, que se apiñaba para acercarse a El. Se subió a la barca de Pedro y le dijo que la apartara un poco de la orilla. Luego, pudo hablar con más eficacia. Todos ellos pudieron verlo y oírlo.

Así también, llegó un día en que Jesús se apartó de la tierra. Ascendió al cielo para poder alcanzar a todos los que querían acercarse a El. Tomó a algunos de sus discípulos y subió al monte de los Olivos, y allí, mientras ellos lo observaban "fue alzado, y le recibió una nube que le ocultó de sus ojos" (Hechos 1:9). Ellos regresaron a casa y esperaron, como El les había dicho; y después de diez días, en la fiesta hebrea del Pentecostés, fue derramado el Espíritu Santo sobre toda carne. Dios había descendido a ellos de una nueva manera. Mientras Jesús estaba aún en la tierra después de su resurrección, con su cuerpo glorificado, les podía dar nueva vida permanente en el Espíritu a aquellos que estuvieran en contacto directo con El, y lo quisieran recibir.

Cuando Jesús ascendió al Padre, el contacto físico con El fue interrumpido por breve tiempo, pero el Espíritu Santo aún estaba viviendo en aquellos primeros discípulos.

El derramamiento del Espíritu sobre el mundo

Jesús ocupó su lugar a la derecha de Dios y luego, el día de Pentecostés, el Espíritu fue derramado sobre todo el mundo.

Después de esto fue posible que cualquier ser humano, en cualquier parte del mundo, recibiera la vida nueva en el Espíritu. Cuando usted le habla a alguien acerca de Jesús, no tiene que llevar a Jesús ante ella. El ya está allí. ¡Lo único que tiene que hacer esa persona es abrirle la puerta a El para que entre! Mediante su ascensión al cielo, y la venida del Espíritu Santo, ahora es posible que Jesús alcance a cualquier humano en cualquier parte del mundo.

13

La liberación del alma y del cuerpo

Jesús les había dicho a sus seguidores que "asentaran y esperaran" en Jerusalén antes de salir a hablar al mundo acerca de El, porque el Espíritu Santo tenía que ser derramado desde el cielo "sobre toda carne" para que El estuviera disponible para todos.

Pero también había una segunda razón. El Espíritu Santo no sólo tenía que estar disponible para todo el mundo, sino que tenía que ser liberado con poder en la vida de los que habían recibido a Jesús. Así como el Espíritu estuvo viviendo en Jesús siempre, pero tuvo que ser liberado con poder para que Jesús comenzara su ministerio, en las personas que nacen del Espíritu, su poder necesita ser liberado en ellos para que salgan a predicar la Palabra. La última instrucción de Jesús antes de regresar al Padre fue que recibieran "el bautismo del Espíritu Santo". A este derramamiento del Espíritu, El lo llamó "bautismo". Ellos no debían salir de Jerusalén, hasta que hubieran recibido "poder". Notemos que no estaba hablando acerca de la salvación. No les dijo a sus amigos: "Esperad hasta que nazcáis de nuevo"; ni "Esperad hasta que vuestros pecados os sean perdonados"; ni siquiera "Esperad aquí hasta que se os dé el Espíritu Santo." Al fin y al cabo, El les había puesto a disposición el Espíritu Santo cuarenta días antes (Juan 20); y ahora les estaba diciendo que esperaran otra experiencia en la cual el Espíritu Santo vendría sobre ellos con poder.

¿Alguna vez ha dicho usted algo como esto: "No sé qué fue lo que me sucedió. De repente me sentí inundado de amor hacia esa persona?" ¿De dónde le vino a usted este amor? De adentro. Hubo algo dentro de usted que respondió a un estímulo externo. Así es como ocurre con esta inundación del poder del Espíritu Santo. El Espíritu Santo estaba viviendo en estos discípulos de Jesús porque lo habían recibido directamente de El. Ahora, el Espíritu que vivía en ellos iba a inundarlos con su presencia, al ser derramado sobre todo el mundo.

Es posible que usted tenga un automóvil cerca; tal vez a la puerta de la casa o en el garaje. Será de último modelo o tal vez no sea muy nuevo. Pudiera ser de cualquiera de las marcas conocidas; pero de una cosa estamos seguros: ¡tiene batería! (Por supuesto, a menos que usted tenga un modelo tan antiguo que se ponga en marcha con manivela.) La batería tiene electricidad. Es muy importante que la batería tenga más o menos 100 amperios cuando usted va a poner en marcha el carro. Pero no serviría absolutamente de nada tener la electricidad en la batería, a menos que *fluya*. ¿Alguna vez le ha fallado a usted el carro cuando lo iba a poner en marcha, y usted lo que hizo fue revisar la batería sólo para saber si estaba completamente cargada? ¿Descubrió entonces que los cables no estaban adecuadamente conectados, de tal modo que la energía no podía fluir de la batería hacia el motor de arranque? Dios vive en el espíritu humano creado de nuevo. Sin embargo, está suficientemente claro que necesita poder fluir hacia el alma y el cuerpo para poder llegar hasta el mundo.

Cuando el Espíritu Santo fue derramado sobre

toda carne en Pentecostés, los discípulos (en número de 120) en quienes ya El estaba viviendo, comenzaron a responder. Comenzaron a desbordarse. El Espíritu no sólo se agitó dentro de ellos, sino que comenzó a derramarse desde su espíritu hacia su alma, hacia su cuerpo, y hacia el mundo externo. ¡Comenzaron, entonces, a celebrar y a regocijarse, probablemente a reírse, a llorar, a cantar y a danzar de regocijo! Pero la gloria de Dios fluía principalmente de su canal y órgano más importante de expresión: su voz.

Los perros, los gatos y las aves hubieran podido danzar, saltar, ladrar y cantar, si el gozo del Señor los hubiera tocado; pero entre todas las criaturas de la tierra, sólo los humanos pueden abrir su boca con palabras significativas de alabanza y acción de gracias, y así lo hicieron. Esto no lo hicieron sólo en su propia lengua, sino en lenguas que nunca habían aprendido ni oído: tan fuerte era la inspiración del Espíritu Santo en ellos. Esto llamó poderosamente la atención, especialmente por el hecho de que el poder espiritual comenzó a manifestarse a través de ellos en otras maneras.

Pedro y Juan sanaron a un paralítico (Hechos 3), y pronto hubo tal inundación de sanidades, que las personas luchaban para tocar siquiera la sombra de Pedro (Hechos 5:15)

El Espíritu Santo había venido a vivir en su espíritu, y ellos habían llegado a ser "nuevas criaturas". Ahora, cuando el Espíritu Santo fue derramado sobre todo el mundo, como El ya estaba morando en ellos, respondieron, y la nueva vida comenzó a derramarse desde su espíritu hacia su alma, hacia su cuerpo y hacia el mundo que los rodeaba. Esto es el "bautismo en el Espíritu Santo". Significa que ahora todo su ser estaba inundado con el Espíritu Santo, y el poder de Dios estaba fluyendo a través de sus manos, sus pies y su voz.

Así es: cuando el Espíritu Santo es liberado de la morada que le corresponde en el espíritu humano, ¡lo primero que ocurre es que *el alma* recibe la bendición! *El intelecto* se llena del Espíritu, y es entonces cuando usted comienza a pensar acerca de Dios de una nueva manera. *La voluntad* se llena del Espíritu, y es entonces cuando usted descubre que quiere hacer realmente lo que Dios quiere. *Las emociones* se llenan del Espíritu, y usted comienza a sentir el gozo, la paz y el amor que da la presencia de Dios. ¡Nunca había soñado que tal cosa fuera posible! Es maravilloso ver cómo la gente se ríe y a la vez llora de gozo, cuando el Espíritu Santo sacude sus emociones.

La siguiente parte que recibe la bendición es *el cuerpo*. Algunas veces esto puede ser asombroso. Una noche oramos para que un amigo fuera bautizado con el Espíritu Santo; cuando lo recibió, fue sanado de un problema físico que había tenido durante largo tiempo. No es raro que haya personas que no quieran ingerir alimento por algún período de tiempo, debido a que el Espíritu Santo ha refrescado y fortalecido directamente su cuerpo de manera extraordinaria. Lo mismo sucede con respecto al sueño, aunque Dennis dice: — Nunca tuve un sueño tan maravilloso y apacible como el que experimenté después de haber recibido el bautismo en el Espíritu Santo. — Viene al cuerpo un nuevo relajamiento que puede percibirse. Parece como si las personas no envejecieran tan pronto. Si es necesario, el Espíritu Santo le puede dar fuerza sobrehumana al cuerpo. En un accidente de tránsito, el esposo de una amiga mía, profesor universitario, quedó atrapado debajo de un carro. Su esposa, persona realmente pequeña, dijo: — ¡Alabado sea el Señor! — y con una sola mano levantó el pesado carro debajo del cual estaba su marido, sin que ella recibiera ningún daño: "Los que esperan en Jehová tendrán nuevas fuerzas" (Isaías 40:31).

El tercer resultado es que el Espíritu Santo puede manifestarse a través de la vida externa de la persona, por medio de lo que ésta haga o diga. Si la persona puede ejercitar su fe, pueden comenzar a ocurrir milagros; las circunstancias cambiarán y serán más como Dios quiere que sean.

Un bautismo en dos partes

A algunos los aflige la expresión "bautismo en el Espíritu Santo." Pudiéramos ponerla a un lado, y no usarla; pero Jesús la usó, y también Pedro, Juan el Bautista y muchos otros en el Nuevo Testamento; así que no creo que hagamos bien cuando la pasamos por alto. La expresión confunde, en primer lugar, por el hecho de que pensamos que el bautismo es una ceremonia en la cual una persona es rociada, lavada o sumergida en agua. La palabra "bautizar", sin embargo, realmente es la forma intensiva del verbo griego *bapto*, que significa *sumergir*. En el griego clásico, la palabra *baptizo* significa hundirse, remojar, ser inundado de agua, ser inundado total y permanentemente por, o en otro elemento similar al agua. En el griego clásico se usa para describir a un barco hundido o anegado.

El bautismo en el Espíritu Santo significa, entonces, que el Espíritu Santo, que vive en el espíritu humano gracias a Jesús, ahora fluye para inundar el alma y el cuerpo y hacia el mundo que nos rodea.

— Pero yo pensaba que la Biblia decía que sólo hay un bautismo. Sí lo dice; ¡también dice que hay más de uno! El mismo Jesús dijo: "Porque Juan ciertamente bautizó con agua, mas vosotros seréis bautizados con el Espíritu Santo. . ." (Hechos 1:5). El libro de Hebreos habla de la "doctrina de bautismos" (Hebreos 6:2). ¿Por qué?

Hay sólo un bautismo, pero este bautismo tiene dos aspectos que algunas veces pueden ser muy distintos. Hay un fluir hacia dentro, cuando el Espíritu Santo viene a morar en usted y bautiza su espíritu; esta es la salvación, el nuevo nacimiento; y hay un fluir hacia fuera, es decir, una emanación, cuando el Espíritu Santo que mora en usted es liberado en su espíritu para bautizar su alma y su cuerpo, y salir hacia el mundo que lo rodea.

Cuando Jesús se refirió a que serían "bautizados con el Espíritu Santo", parece claro que estaba hablando acerca de este segundo movimiento. En Juan 7:37-39, El dice: "Si alguno tiene sed, venga a mí y beba". Se está refiriendo a la llegada del Espíritu Santo a nuestra vida. Luego continúa: "El que cree en mí, como dice la Escritura, de su interior correrán ríos de agua viva." Claramente, Jesús está hablando aquí acerca de la segunda parte del proceso. El agua viva fluye hacia adentro, y luego hacia afuera.

El hizo lo mismo con la mujer con quien se encontró en el pozo de Samaria. Le dijo: "El que bebiere del agua que yo le daré, no tendrá sed jamás; sino que el agua que yo le daré será en él una fuente de agua que salte para vida eterna" (Juan 4:14).

Algunos dirán que fueron bautizados con el Espíritu Santo cuando recibieron a Jesucristo como su Salvador. Lo que quieren decir es que hizo renacer su espíritu. Entonces el proceso necesita ser completado, permitiendo que el Espíritu Santo bautice e inunde todo su ser: espíritu, alma y cuerpo. Todos los cristianos le han permitido fluir hacia adentro de ellos, pero la mayoría aún limitan seriamente su movimiento hacia fuera.

Después de que una persona recibe el bautismo en el Espíritu Santo, es cuando la obra de Jesús en ella puede ser completada. La vida de Dios entra a través del espíritu, inspira el alma, ésta a su vez dirige el cuerpo, y así la vida de Dios fluye directamente hacia el mundo que la rodea. Entonces hay esperanza para los humanos y para la sociedad humana. El reino de Dios puede comenzar a venir a la tierra.

DIOS

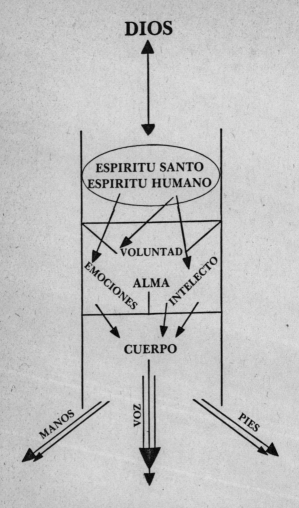

LA LIBERACION DEL ESPIRITU

14

La liberación del Espíritu

¿Cómo se ha de recibir esta liberación del Espíritu, que Jesús llama "bautismo en el Espíritu Santo"? Aceptamos a Jesús de una manera muy sencilla. ¿Hay también una manera sencilla de recibir la liberación del Espíritu Santo?

Este estudio nos da un índice, pues si el bautismo en el Espíritu Santo es efluvio del Espíritu desde donde El mora en el espíritu humano, para inundar el alma y el cuerpo y fluir hacia el mundo, entonces queda claro que recibir el bautismo en el Espíritu Santo no es algo que hace Dios, sino la persona que lo recibe. Es una respuesta, una apertura del alma y del cuerpo a la obra del Espíritu Santo.

Esta es la razón por la cual se usa la palabra "recibir", en vez de "obtener" o "adquirir". Dios ya ha dado el Espíritu Santo para que more en la persona, pero ahora ésta necesita recibir el Don, permitiéndole libre acceso al alma y al cuerpo.

¿Cómo le damos la bienvenida al alma?

Algunos dirían que el primer paso consiste en que las emociones sean sacudidas. Este pudiera llamarse el enfoque antiguo. Consiste en pensar que hay que emocionar a la gente hasta donde sea posible, ¡y tal vez ocurra! Esto no es muy eficaz.

La emoción es buena. ¿Quién querría vivir sin emociones? Cuando Dios toca las emociones, éstas responden como Dios quiere que respondan, pero el bautismo en el Espíritu no viene de las emociones, sino del espíritu. Si las emociones se sacuden y se excitan, pueden obstaculizar el flujo del Espíritu Santo en vez de ayudar.

La parte que juegan las emociones consiste en responder al gozo, a la paz y al amor del Espíritu Santo, y esto es maravilloso; pero es una respuesta, no la fuente de todo.

Otros responden a esta pregunta intelectualmente.
— Yo *creeré* que he recibido el bautismo con el Espíritu Santo, — dicen. Generalmente se dice que esto es recibirlo por fe, pero realmente es un esfuerzo para creerlo con el intelecto.

Esto tampoco es eficaz. Es como si Pedro hubiera dicho: — ¡Creo que puedo andar sobre las aguas! Recibo la facultad de andar sobre las aguas por fe. — ¡pero ni siquiera se hubiera movido de la barca! ¿Hubiera sido fe eso?

El Espíritu Santo no nos pide que tratemos de creer algo, o de entender algo. En este punto no estamos preocupados por el intelecto. Lo unico que necesitamos hacer con el intelecto en la preparación de una persona para recibir el bautismo en el Espíritu Santo es responder todas las preguntas sinceras que nos haga. Mientras más podamos satisfacer el intelecto, mejor; pues así se coloca a un lado, y permite que el Espíritu obre.

El intelecto, como las emociones, puede apreciar y disfrutar de lo que hace el Espíritu Santo; tanto las emociones como el intelecto han de ser llenos hasta rebosar con la bendición espiritual.

Pero *la voluntad* está comprometida directamente en el proceso. El Espíritu Santo quiere que estemos voluntariamente dispuestos a recibirlo en nuestra alma y cuerpo. La voluntad es el guardián de la puerta del alma, y la abre para que entre el Espíritu Santo. Dios no derribaría jamás la puerta. Yo tengo que optar por recibir el poder y la libertad del Espíritu. ¡Tengo que estar dispuesto a que Dios me llene hasta rebosar con su propia vida!

La respuesta del cuerpo

¿Qué viene luego? La siguiente respuesta es la del cuerpo. Invitamos al Espíritu Santo para que fluya desde nuestro espíritu hacia nuestra alma y nuestro cuerpo, y así también hacia el mundo que nos rodea. En todo el trayecto tiene que haber cooperación.

La voluntad está dispuesta a permitir que el Espíritu fluya hacia el alma, ¿pero cómo puede responder el cuerpo? Cuando leemos los Hechos de los Apóstoles, encontramos un indicio. Parece haber un factor común en los ejemplos que se nos dan de personas bautizadas en el Espíritu Santo. En todos los casos, menos en uno, en los Hechos de los Apóstoles, cuando las personas recibían el Espíritu Santo con poder, comenzaban a hablar, no sólo en su propia lengua, sino en nuevas lenguas que no conocían con su intelecto y que les habían sido dadas directamente por el Espíritu Santo. El hecho de hablar parece ser el factor común.

En Hechos 2, 10, 11 y 19, este fenómeno está explícito, en tanto que en el capítulo 8 está implícito; sin embargo, los principales comentaristas están de acuerdo en que la manifestación clave en este caso fue también el hablar en lenguas. Matthew Henry, por ejemplo, dice lo siguiente sobre Hechos 8:14 y siguientes: "Se dice que el Espíritu Santo (versículo 16) 'aún no había descendido sobre ninguno de ellos', con aquellos extraordinarios poderes que habían sido comunicados mediante el derramamiento del Espíritu el día de Pentecostés. Ninguno de ellos estaba dotado del don de lenguas,[1] que por entonces parece haber sido el efecto inmediato más general del derramamiento del Espíritu. . . Pusieron las manos sobre ellos. . . y con el uso de esta señal, 'recibían el Espíritu Santo' y hablaban en lenguas!"

Lalein glóssais

Pablo llamó esto *lalein glóssais*, que en griego significa *hablar en idiomas*, y los traductores de la Versión Reina-Valera tradujeron "hablar en lenguas". Las palabras *lengua* e *idioma* son sinónimas en castellano. Parece haber sido normativo para los cristianos primitivos orar, alabar y profetizar de una manera especial, directamente bajo la inspiración del Espíritu Santo. Este "hablar en lenguas" fue lo que atrajo tanto la atención y condujo directamente a 3.000 personas a la conversión el día de Pentecostés.

Esto era algo completamente nuevo que Dios tenía reservado para su pueblo del nuevo pacto. Nunca había ocurrido antes de Pentecostés. Ciertamente uno de sus valores fue que atrajo mucho la atención. Hizo que el pueblo se preguntara: "¿Qué quiere decir esto?" (Hechos 2:12); lo cual les concedió a los creyentes, como Pedro en Hechos 2, una oportunidad para hablar acerca de Jesús. Se tomó como una clara señal de que el Espíritu Santo estaba en acción.

Explicación de las lenguas

¿Qué sentido tiene todo esto? ¿Por qué una actividad así, aparentemente incidental e irracional, tiene tanto que ver con la libertad del Espíritu Santo? La respuesta está en entender lo que es "hablar en lenguas" y de dónde viene este don.

¿Cuál es nuestro principal medio de expresión? El otro día, Dennis estaba en su escritorio. Sonó el teléfono. Era un amigo que lo llamaba desde Kyoto, Japón. Mientras Dennis hablaba, su voz lo llevaba hasta el Japón virtualmente sin ningún esfuerzo. ¿Cuánto esfuerzo hubiera necesitado para que sus brazos y sus piernas lo llevaran allá?

Si usted fuera el propietario o gerente de un negocio, ¿qué le estorbaría más: que se le dislocara un tobillo que no le permitiera ir a la oficina durante un par de semanas, o que le diera laringitis de tal modo que no pudiera usar la voz durante dos semanas? Piense en eso. Usted sabe que, aunque no pueda caminar, sí puede llegar al teléfono y a los asuntos de la oficina bastante bien; pero ¿qué puede ser más frustrante que sentarse al escritorio sin poder hablar con la gente, y tener que comunicarse por escrito o hacer gestos?

Las Escrituras destacan en muchos pasajes la importancia de la voz: "Del fruto de la boca del hombre se llenará su vientre; Se saciará del producto de sus labios. La muerte y la vida están en poder de la lengua, y el que la ama comerá de sus frutos" (Proverbios 18:20, 21). "De la boca de los niños y de los que maman, fundaste la fortaleza" (Salmo 8:2). "Por la palabra de Jehová fueron hechos los cielos, Y todo el ejército de ellos por el aliento de su boca" (Salmo 33:6). "Porque él dijo, y fue hecho" (Salmo 33:9). "Cualquiera que dijere a este monte: Quítate y échate en el mar, y no dudare en su corazón, sino creyere que será hecho lo que dice, lo que diga le será hecho" (Marcos 11:23).

El capítulo 3 de Santiago compara la lengua con el freno que se coloca en la boca del caballo, mediante el cual se guía al animal. Si puede controlar su voz, puede controlar toda su persona. Los psicólogos entienden muy bien el poder de la lengua. Algo que se expresa con palabras tiene una influencia mucho mayor que algo que sólo está en la mente. En el diagrama anterior, dibujamos más larga la flecha que representa la voz, porque representa la principal puerta por medio de la cual se expresa la persona. El Espíritu Santo quiere inspirar su espíritu y luego fluir hacia su alma: voluntad, pensamientos y sentimientos; para después continuar hasta su cuerpo y hasta el mundo exterior.

La voz es la principal puerta por la cual el Espíritu Santo va a alcanzar al mundo que nos rodea. ¿Nos parece raro que El quiera hacer algo especial con nuestra voz? Así que la respuesta del cuerpo al Espíritu consiste en abrir la puerta principal, la voz, y comenzar a hablar según lo que el Espíritu Santo le dé para que lo exprese.

El hermano de Rita, el conocido cirujano William Standish Reed, define esto como "la acción mediante la cual el Espíritu de Dios llena la zona del lenguaje"; y otro íntimo amigo nuestro, el doctor Howard W. Dueker, destacado especialista neurocirujano de la región de Los Angeles, dice al respecto: "¡Los centros del lenguaje dominan el cerebro, y yo no veo cómo ni el mismo Dios pudiera hacer mucho con el cerebro humano, a menos que hiciera algo drástico en ellos primero!"

Debido a que la capacidad de hablar racionalmente es fundamental para el ser humano, y profundamente importante para nuestra conformación espiritual y sicológica, nos parece que un bautismo en el Espíritu Santo completo, en el cual el Señor, el Espíritu, fluya y llene nuestros seres, y se derrame hacia el mundo externo, incluiría, como acontecimiento esperado, la concesión de mayor libertad al Espíritu para que guíe nuestro formación.

El Espíritu Santo quiere domesticar la lengua, "que es un mal que no puede ser refrenado" (Santiago 3). Quiere indicarnos cómo usar nuestra voz adecuadamente.

En la actual renovación, millones de personas darían el testimonio de que, cuando comenzaron a hablar en lenguas y a magnificar a Dios, les llegó la nueva libertad.

Pentecostés procede del Espíritu de Dios y del espíritu humano creado de nuevo. Hablar en lenguas es orar "con el espíritu"[2], como lo llama Pablo (1 Corintios 14:15). No es una explosión emocional, ni es algo causado en absoluto por las emociones. Si una persona habla en lenguas emocionadamente, esto se debe a que lo emociona hacerlo, y no a que la emoción lo hace hablar en lenguas. Usted pudiera emocionarse hablando castellano o inglés. Por ejemplo, mientras yo le leía a Rita en alta voz parte de una historia muy conmovedora, la emoción me hizo un nudo en la garganta y no pude continuar leyendo durante un rato. No fue que me puse emotivo y eso me hizo leer la historia; sino que leí la historia y me emocionó!

Hablar en lenguas es simplemente lo que ocurre cuando una persona que ha recibido a Jesús y, por tanto, se le ha dado el Espíritu Santo, comienza a hablar sin usar el idioma que su intelecto conoce, sino que confía en que el Espíritu Santo le dé las palabras. Es un método sencillo mediante el cual el Espíritu Santo nos abre a una nueva libertad, una verdadera liberación. En el lenguaje diario, entramos al depósito de palabras de nuestro intelecto — nuestra computadora — y seleccionamos las que queremos. Esta es una actividad del alma dirigida por la voluntad. Pero ahora supongamos que en vez de decidir la voluntad qué es lo que se va a decir, permite que el espíritu, unido al Espíritu Santo, provea el lenguaje. En este caso, lo único que hace la voluntad es aceptar las palabras tal como vienen del espíritu y entregarlas al mecanismo de lenguaje del cuerpo para que las convierta en sonidos.

El intelecto no provee las palabras. Pablo vuelve a decir: "Mi entendimiento queda sin fruto" (1 Corintios 14:14). Con esto está diciendo que las palabras no son "fruto" del intelecto. El intelecto simplemente está alerta, por decirlo así, y observa el proceso. La voluntad está aún controlando el proceso. Esta no es una actividad compulsiva ni hipnótica. El Espíritu Santo no se apodera de la voluntad. Siempre respeta nuestra libertad de decisión.

Hablar en lenguas no es ninguna clase de hazaña, ni una prueba de espiritualidad ni de santidad, pero puede realizar una función específica y necesaria diariamente en la vida. Su libertad espiritual de usted crecerá porque usted está permitiendo que el Espíritu Santo fluya de su espíritu, con el consentimiento de su voluntad, para guiarlo a expresar la oración y la alabanza a Dios según El lo inspire (Romanos 8:26, 27). Las lenguas son un maravilloso instrumento del Espíritu. Son el idioma de su espíritu que le habla a Dios.

Somos aún imperfectos, y nuestra alma contiene muchas cosas que necesitan ser eliminadas; así que no podemos hablar u orar adecuadamente con nuestra voluntad, intelecto y emociones. El Espíritu Santo, mediante el uso de un idioma que es desconocido para nuestra mente, pone en palabras lo que Dios sabe que necesitamos expresar. Es una "lengua pura", porque el alma no la entiende, ¡y así no puede confundirla! (Sofonías 3:9).

La diferencia entre la oración en lenguas y el don de lenguas

Hemos estado hablando de la actividad privada que Pablo describe cuando dice: "Oraré con el espíritu. . . Cantaré con el espíritu. . ." (1 Corintios 14:15). Después agrega que cuando él está en grupo no habla en lenguas, sino que habla con el entendimiento para que todos puedan saber lo que está diciendo (1 Corintios 14:19). Hasta ahora, no hemos hablado acerca del "don de lenguas" con su acompañante, el "don de interpretación", a los que Pablo se refiere en 1 Corintios 12:10.

No todos serán inspirados a manifestar un don de lenguas en una reunión. Al hablar en lenguas como un idioma de oración, la decisión de hablar proviene de la voluntad, y el Espíritu Santo honra esa decisión y provee el idioma; el don de lenguas en un culto cristiano, es algo diferente. En este caso, el Espíritu Santo inicia el deseo de hablar en lenguas para hacerle frente a una situación específica. La voluntad aún tiene que dar el consentimiento. Como resultado, la lengua en que se habla en el don de lenguas puede ser muy diferente a la que habitualmente se usa en la oración diaria en lenguas.

La importancia de orar totalmente en el Espíritu

Tenemos la firme convicción de que cualquier cristiano puede orar y alabar en una lengua espiritual en cualquier momento en que decida hacerlo. San Pablo vuelve a decir: — *"zélo dé pántas humás laléin glóssais,"*, es decir, "quiero que todos vosotros habléis en lenguas" (1 Corintios 14:5). El dice: "Doy gracias a Dios que hablo en lenguas más que todos vosotros" (1 Corintios 14:18). En 1 Corintios 14:15, Pablo dice: "Oraré con el espíritu. . .", refiriéndose al hecho de hablar en lenguas.

Una señora que se resistía a la idea de hablar en lenguas, le dijo a Rita: — Al fin y al cabo, yo he tenido visiones de Dios, ¿por qué debo querer hablar en lenguas?

Esta pregunta puso a Rita en un dilema en medio de un culto público. Quiso darle una respuesta amable y cierta a la vez. Rápidamente le pidió al Señor que la ayudara y le respondió: — Es maravilloso tener visiones de Dios. Sin embargo, Pedro hizo algo más impresionante que tener visiones; ¡él anduvo sobre el agua! Pero el día de Pentecostés, Pedro no dijo:"No necesito hablar en lenguas. Eso está bien para mis amigos que están aquí, pero como ustedes saben, ¡yo anduve sobre el agua!"

María, la madre de Jesús, podría haber dicho: — Yo tuve la más grande experiencia que cualquiera haya tenido, la de dar a luz al Hijo de Dios. No me digan que debo hablar en lenguas. — Sin embargo, María, una mujer verdaderamente humilde, habló en lenguas voluntaria y gozosamente el día de Pentecostés como los demás (Hechos 1:14; 2:1 y siguientes).

Usted no tiene que hablar en lenguas para ser un fiel hijo de Dios. Hay cristianos muy vacilantes que hablan en lenguas con fluidez, y también hay cristianos muy sinceros y consagrados que harían cualquier cosa, menos hablar en lenguas, pues se les ha enseñado lo contrario. Ciertamente los cristianos no tienen que hablar en lenguas para experimentar los beneficios del Espíritu Santo, ni para manifestar dones del Espíritu como sanidad, ciencia y otros. Pero lo que Jesús llama el bautismo en el Espíritu: la liberación, el derramamiento del Espíritu, le da libertad de expresión al creyente. Esto da como resultado la edificación, es decir, el ser edificado en el espíritu, una nueva capacidad para orar e interceder, y una mayor apertura al flujo de los dones y al fruto del Espíritu Santo. También estamos cada vez más conscientes de que hablar en lenguas puede ayudar a sanar viejas heridas del alma, en la medida en que las personas oren por sus propias enfermedades "en el Espíritu" (Romanos 8:26).

Algunos cristianos han relegado la oración en lenguas al último lugar entre los dones de Dios, como si fuera el peldaño inferior de una escalera. Creemos que no hay dones menores y mayores, sino que el que se necesita en el momento se convierte por ello en el mejor. Aun si fuera el primer peldaño, ¿qué lugar sería mejor para comenzar?

Los resultados

Pensamos que usted pudiera estar interesado en conocer algunos de los resultados que hemos tenido en nuestra propia vida después de haber recibido el bautismo en el Espíritu Santo. A continuación ofrecemos una lista que nos incluye a los dos:

1. Un sentido grandemente intensificado de la realidad y de la presencia de Dios.
2. Una conciencia aumentada muchas veces sobre el amor y la cercanía de Jesús.
3. Un aprecio intensificado y un amor mayor hacia las Escrituras.
4. Un mayor deseo de darles testimonio acerca del señorío de Jesús y del poder del Espíritu Santo a otros, y de orar con ellos para que reciban las dos experiencias.
5. Una comprensión de lo que significa alabar a Dios, y una nueva capacidad y un nuevo deseo para hacerlo.
6. Un mayor amor e interés por los demás.
7. Un reconocimiento de los dones del Espíritu, y una conciencia de ellos como tales.
8. Un aprecio hacia los cristianos de todas las organizaciones eclesiásticas.
9. Comenzamos a soñar acerca de Jesús, y nos vimos actuando como creyentes investidos de poder aun cuando estábamos dormidos y soñando. Si en nuestros sueños somos amenazados, nos dedicamos a orar y a reprender al enemigo.
10. Comprendemos la realidad del enemigo, Satanás, y lo que debemos hacer para mantenernos a resguardo de él, y cómo ejercer autoridad sobre él.

Rita experimentó los siguientes beneficios también:

1. Por primera vez tuve un sentido y una dirección para mi vida.
2. Tuve el deseo de perdonar a todos, y me vi dispuesta a pedir para mí el perdón de los demás.
3. Obtuve un nuevo discernimiento, y el poder y

la confianza para orar por aquellos que están en necesidad espiritual.

4. Me sentí más confiada con respecto a la vida después de la muerte, y segura de mi destino final.

5. Sentí más confianza para dar el testimonio cristiano ante auditorios.

6. Me interesé en cuidar mi cuerpo físico (templo) para Dios.

7. Recibí una nueva forma de estar alerta para oír internamente la voz de Dios.

Dennis también experimentó beneficios propios:

1. Una gran liberación de gozo, libertad y paz (como fruto), aun cuando las cosas estaban más confusas.

2. La comprensión de que Dios no es algo místico, sino que está aquí ahora.

3. Una nueva facilidad para predicar y enseñar.

4. Mayor sensibilidad a la adoración en mi propia iglesia.

5. Pérdida de la vergüenza para orar con las personas y hablarles acerca de Dios.

6. Una nueva capacidad y un nuevo discernimiento para aconsejar.

7. Un amor más grande para mi familia.

¿Regresaríamos?

¿Si tuviéramos la oportunidad, volveríamos a vivir como cristianos sin el bautismo en el Espíritu Santo? ¡Nunca! ¿Eramos nacidos de nuevo y estábamos en camino hacia el cielo antes de que nos llegara esta nueva libertad? Sí, por supuesto. ¿Necesitamos el Pentecostés en nuestras vidas para llegar a ser eficaces? Sí, porque como se puede ver en las listas que hemos presentado, ambos llegamos a ser mucho más eficaces al desarrollar nuestras respectivas maneras de seguir esta experiencia. No podemos hablar en nombre de otros, pero esto fue lo que nos sucedió a nosotros. Aun más importante, comenzamos a disfrutar de Dios de una manera nueva, y nuestro gozo fluyó hacia los demás.[3]

Jesús prometió que sucederían dos cosas como resultado del bautismo en el Espíritu: recibiríamos *poder*, y estaríamos equipados para hablar acerca de El en medio de los nuestros y en el mundo (Hechos 1:8). El quiere que cada uno de nosotros sea esa clase de testigo.

---

[1] Notemos que Matthew Henry no distingue entre el "don de lenguas", que es para la edificación de la Iglesia, y debe estar acompañado del don de interpretación, y "hablar en lenguas" como un lenguaje privado de oración.

[2] Todos los cristianos "oran en el espíritu" cuando su oración es guiada por el Espíritu Santo, que se halla dentro de ellos. No importa en qué lengua oren. Sin embargo, la única definición de "orar con el Espíritu" que podemos hallar en la Escritura se da con referencia a las lenguas (1 Corintios 14:15). Tal vez esto se deba a que orar en una lengua conocida "en el Espíritu" significa orar con la mente y el espíritu combinados, en tanto que orar en lenguas es orar totalmente "en el Espíritu", ya que la mente no entiende lo que se está diciendo.

[3] Como ayuda para que usted ore por su propio bautismo en el Espíritu, lea *El Espíritu Santo y tú*, por Dennis y Rita Bennett.

15

Flujo y reflujo

Así queda completo el cuadro. Recibimos a Jesús como nuestro Salvador. Nuestros pecados son perdonados. Nuestro espíritu cobra vida al ser unido con el Espíritu Santo, y así nos convertimos en nuevas criaturas. Entonces es liberada en nosotros la nueva vida para que fluya hacia nuestra alma y nuestro cuerpo y salga hacia el mundo, para que éste vea que somos sus discípulos, y nosotros vivamos felizmente de ahí en adelante.

No. Espere un minuto. Comenzamos este libro con una serie de problemas. ¿Se acuerda usted de Carol, Bill y Tony? Todos habían nacido de nuevo en Cristo y habían recibido el poder del Espíritu Santo; sin embargo, aún tenían problemas.

¿Y qué nos ha pasado, a Rita y a mí? En el capítulo anterior enumeramos algunas de las buenas cosas que ocurrieron en nuestras vidas después de recibir el bautismo en el Espíritu Santo. ¿Han continuado todas sin merma? Lamentablemente, no. Algunas cosas no han cambiado, pero la mayoría de ellas están en flujo y reflujo, y necesitan ser renovadas regularmente. A menudo necesitamos corrección y perdón, pero estamos aprendiendo. De hecho, este libro es producto de algunas de las cosas que hemos estado aprendiendo, y, créanos: ¡tenemos mucho que aprender aún! ¡Afortunadamente, Dios es muy paciente y bondadoso!

Nos gustaría mantener mientras continuamos creciendo, la libertad que tuvimos cuando recibimos la liberación del Espíritu. Aquí no hablamos del *desarrollo*, sino del *crecimiento*. No se espera de nosotros que nos desarrollemos en el sentido de perder nuestro entusiasmo infantil.[1] Se espera que lleguemos a ser hijos sabios, que mantengamos nuestro entusiasmo y sencillez mientras aprendemos a ser más estables y constantes en nuestra confianza en el Señor.

¿Nos gustaría volver a aquellos primeros meses de nuestro Pentecostés (Dennis, 1959; Rita, 1960)? No, porque sabemos que estamos aprendiendo a quitar los obstáculos que algunas veces interfieren con nuestra libertad, y que cuando lo hagamos, vamos a tener más gozo en el Señor que antes, además de la estabilidad y el conocimiento que hayamos logrado. ¡No querríamos tenerlo que aprender todo de nuevo!

La plenitud y su mantenimiento

Se llega a Cristo en un tiempo y en un lugar determinados. Es allí donde comienza la salvación. Es entonces cuando el Espíritu Santo viene a morar en usted. Pero sólo es un comienzo. Cuando usted le pide a Jesús que entre en su vida, El comienza un proceso de rescate, reclamación, alimentación, enseñanza, sanidad y orientación que continuará. La palabra griega que se traduce "salvar" en la Biblia es *sozo*, y el léxico griego la define como "preservar o rescatar, sacar con seguridad, salvar o liberar de la enfermedad, restaurar la salud o mantener con salud, medrar o prosperar, salvar de la muerte eterna".

Digamos que usted vio a un hombre que se ahogaba en el río, y lo sacó. Eso significa que usted lo salvó, lo rescató. Pero. . . ¿le diría usted: "Bueno, ya lo salvé", y lo dejaría temblando a la orilla del río? Podría caerse o saltar de nuevo al agua. ¿Se había caído? ¿Había sido lanzado al río? ¿Quién lo lanzó? ¿Había tratado de suicidarse? Lo primero que usted haría sería conseguirle un baño caliente y algo de ropa seca. Pero no se detendría allí. Usted averiguaría quién es este hombre y cómo podría ayudarle. ¿Necesita trabajo? ¿Tenía problemas en el hogar? (¡Tal vez tenga usted que ayudar también a su esposa y a sus hijos!) Todo esto entraría a formar parte del acto de "salvarlo". ¡Podría convertirse en un largo trabajo!

Así, el bautismo en el Espíritu Santo es realmente la continuación de la obra de Jesús en nuestra vida, que derrama su amor y su poder desde donde El mora en nuestro espíritu para continuar inspirando, refrescando, guiando, renovando y sanando nuestra alma y nuestro cuerpo y saliendo de nosotros hacia el mundo para continuar allí su obra de redención. Así como al recibir a Jesús como Salvador comenzamos una nueva clase de vida en la cual El continúa obrando en nosotros a cada momento, así se espera que el bautismo del Espíritu Santo sea un continuo flujo de vida. En el original, Efesios 5:18 dice: "Permaneced llenándoos con el Espíritu Santo", es decir, "continuad siendo llenados"; a lo cual agregamos: "continuad rebosando".

¿Qué es lo que impide que continúe el flujo?

¿Qué es lo que interrumpe el fluir del Espíritu? A menos que comprendamos la distinción entre el espíritu y el alma, no tendremos mucha oportunidad de descubrir lo que nos impide movernos hacia adelante en el Espíritu. El individuo que se ve a sí mismo sólo como un ser doble, no tendrá manera de explicar como pierde la libertad, a menos que diga: (1) "Me imagino que el Señor me ha abandonado, y necesito que regrese"; o (2) "Mi cuerpo es el culpable".

Si estamos constituidos sólo por dos partes: una "naturaleza espiritual" y una "naturaleza física", la culpa la tiene la una o la otra. Sin embargo, si usted ve que entre su espíritu y su cuerpo está el alma, también puede comprender que éste es el verdadero campo de batalla.

Hemos demostrado que el alma trata de ser por derecho propio lo que no se había pensado que fuera: las emociones se apartan de los verdaderos sentimientos del espíritu; la voluntad tiene sus propios planes y ambiciones; el intelecto se convierte en devoto de sí mismo: lo que podemos llamar intelectualismo. Necesitamos que el alma vuelva al papel para el cual fue hecha, pero se resiste fuertemente a este proceso.

El apóstol Pablo se refiere al alma cuando trata de dominar la situación, con el nombre de "viejo hombre" (Romanos 6:6). Dice que este viejo hombre fue crucificado, eliminado, cuando Jesús murió en la cruz. El viejo hombre fue crucificado, pero los patrones que estableció aún están en el alma y deben ser corregidos. Esta es la razón por la cual a Satanás le parece que el alma es un campo satisfactorio para la cacería. El sabe dónde puede irritarlo y conmoverlo a usted. ¡Sabe cuáles son los botones que tiene que presionar para obtener los resultados que quiere!

Usted sabe cómo es esto. Usted está marchando bien, navegando con el Señor, y en paz con la humanidad; entonces el enemigo toca sus emociones en una parte sensible: — ¿Sabes lo que Juan dijo de ti en la oficina?

— ¡Bah! — Y se va la bendición, mientras las emociones del temor, la ira o la envidia se agitan en su alma.

O bien Satanás le sugiere una pregunta para su intelecto: — ¿Creó Dios el mundo en seis días, o le fueron necesarios miles de millones de años? — ¿Es la Biblia verbalmente infalible, o no? — ¿Cómo interpretas el capítulo 38 de Ezequiel? — ¿Cómo puedes convencer a tu amigo agnóstico de que hay Dios? — Y si usted no tiene cuidado, pierde de vista el gozo, mientras lucha por hallar las respuestas. Algunos dicen —: No apedrees los perros del diablo, ni persigas sus conejos. — ¡Pero es difícil resistirlos cuando él hace que ellos se le atraviesen a uno en el camino!

También puede que Satanás le diga a la voluntad: — Tienes que realizar algo. Esfuérzate; ¡tú eres el mejor! Tienes que hacer algo por ti mismo. Este asunto de la religión está muy bien, ¿pero qué me dices de tus planes y ambiciones para la vida diaria? — O dice —: "¡Tienes que tomar unas cuantas buenas resoluciones!"

Cuando el alma ejerce el mando, si alguien lo ofende a usted, su reacción natural es devolver la ofensa, pero de una manera peor. El alma es experta cuando trata de defenderse a sí misma, cuando trata de hacer respetar sus derechos. El Espíritu Santo que mora en nosotros, si le ponemos atención, hará que devolvamos bien por mal, bendición por maldición. Pero los patrones del alma son tan fuertes que podemos olvidarnos de ponerle atención al Espíritu, y simplemente reaccionar en conformidad con las emociones, la voluntad y el intelecto.

— Desde hace algún tiempo — dice Dennis — hemos estado trabajando a favor de los hombres de una penitenciaría federal cercana. Allí conocí a un joven que se había metido en muchas dificultades, pero como muchos de sus compañeros, había aceptado a Jesús como Salvador y había sido bautizado en el Espíritu, y su vida había sido totalmente cambiada.

Sin embargo, un día me dijo: "No sé qué es lo que anda mal, reverendo Bennett; me parece que estoy perdiendo algo del Señor. Simplemente ya no tengo el gozo y el amor que tenía. Me parece que estuviera volviendo a algunos de los antiguos pensamientos y sentimientos."

— ¿Qué ha estado haciendo usted últimamente? — le preguntó Dennis—. El joven le explicó que había estado estudiando en una universidad cercana, en un programa especial que les era permitido a los prisioneros. Mientras hablaba se le nubló la cara.

— ¡Y tengo un profesor que realmente me saca de quicio! Siempre está hablando contra el cristianismo. Pero yo discuto con él. ¡Le hago pasar un mal rato!

— ¡Ajá! — respondió Dennis — ¡Ese es su problema! Su alma se está enredando tanto en esto de combatir al profesor, que a usted se le olvida amarlo y perdonarlo según las normas de su espíritu. Su voluntad está decidida a humillarlo, su intelecto está ocupado rebatiendo las preguntas que él hace, y sus emociones están trastornadas por todo esto. Deje de tratar de hacerle pasar un mal rato. Pídale al Espíritu Santo que le dé las respuestas; continúe retando al profesor, pero perdonándolo y amándolo también. Es mucho más probable que lo convenza de esta manera.

¿Qué es la carne?

Jesús dijo: "Velad y orad, para que no entréis en tentación; el espíritu a la verdad está dispuesto, pero la carne es débil" (Mateo 26:41b). Aquí aparece un término un poco diferente: "la carne". ¿Qué significa? Es traducción del término griego *sarx*. En las Escrituras se usa con dos sentidos: uno para hacer referencia al cuerpo físico. En este sentido ciertamente no es un término malo, sino algo bueno. Al hablar del cuerpo de Jesús, leemos en Juan 1:14 "Y aquel Verbo fue hecho carne (*sarx*). . ." Cuando Dios hizo la carne humana por primera vez, dijo: "¡Buena, en gran manera!" (Génesis 1:31).

El segundo significado de la palabra "carne" no sólo se refiere al cuerpo, sino al cuerpo y al alma que funcionan por su propia cuenta, sin obedecer a Dios. Así en Gálatas 5:19 tenemos una lista de "las obras de la carne"; y no incluye sólo cosas como los pecados sexuales y las embriagueces, que están relacionados con el cuerpo, sino también idolatría, hechicería, odio, enemistades, ira, egoísmo, envidia, todo lo cual pertenece claramente al alma. (Por supuesto, la embriaguez y el adulterio son también obras del cuerpo, pero el cuerpo por sí mismo no haría estas cosas.) Así que el principal componente de la "carne" es el alma. A esto se refiere Pablo cuando habla del hombre "carnal". Esta palabra viene del latín tardío *carnalis*, que quiere decir, *de la carne*.

¿Dónde vive usted?

Es importante saber la diferencia entre alma y espíritu,[3] porque el espíritu es la única parte de usted que puede tener contacto con Dios. Usted no puede *pensar* su camino hacia Dios, ni abrirlo con las *emociones*, ni con la *voluntad*.

El hecho de entender la diferencia hace posible que revisemos nuestro termómetro espiritual para ver quién es el que está dominando nuestras vidas. Pregúntese usted mismo: — ¿Esta situación me está causando ansiedad, confusión, odio o intranquilidad, o me está dando paz, confianza, comprensión y amor? ¿Estoy viviendo en mi alma, o en mi espíritu?

El bautismo en el Espíritu ofrece mucho más poder

y capacidad para que el espíritu domine el alma, pero la voluntad aún tiene el poder de decisión, y las influencias del subconsciente y los patrones de la vida vieja aún pueden interferir. Por eso hay que hacerles frente día a día. Esta es la razón por la cual Pablo puede decir en un lugar de sus escritos que su viejo hombre fue crucificado (Romanos 6:6), pero en otra dice que necesita morir diariamente; es decir, ¡morir a los patrones de conducta dejados por el viejo hombre! Así que, a la luz de este cuadro en que aparecen espíritu, alma y cuerpo — la persona tri-na — veamos algunos bloqueos y barreras que es necesario quitar.

---

[1]En Efesios 4:15, Pablo no dice que estamos *desarrollándonos* en Cristo, sino simplemente *creciendo* en El, tal como dice la Versión Reina-Valera. Desarrollarse implica llegar a la vida adulta o madurez, punto en el cual uno deja de crecer. Esto no es lo que significa el término griego.

[2]Para entender la distinción entre alma y espíritu en las Escrituras, es útil notar la manera en que se usan en el Nuevo Testamento las palabras griegas *psyjé* y *pneuma*. Es lamentable que muchas traducciones y paráfrasis tiendan a pasar por alto esta diferencia. La Versión Reina-Valera, revisión de 1960, es una de las más exactas.

16

Cómo puede la voluntad bloquear al espíritu

— Se puede hacer que una puerta de granero vuele, si le aplica suficiente energía — dice un amigo que ayuda a diseñar aeroplanos para la Boeing en Seattle. Algunos de nosotros éramos sólo rústicas y arruinadas puertas de graneros, con muy pocas líneas aerodinámicas; pero cuando el Espíritu Santo puso en marcha los motores auxiliares, ¡despegamos! Tal vez nos estrellamos un poco después, ¡pero volamos de verdad! Los que hacen volar la puerta del granero son los motores, aunque tenga muy poco plano aerodinámico, y mucha resistencia al avance. Si los motores producen suficiente fuerza motriz, ayudará algo si le damos algo de forma aerodinámica a la puerta del granero, si le quitamos algo de su rudeza; pero si los motores no están funcionando, tal trabajo no serviría para nada. Así que no cometamos el error de pensar que la consideración primera y más importante es corregir las deformaciones de la puerta del granero. Lo primero es mantener los motores en marcha, porque si una puerta de granero que vuele es lo mejor que podemos hacer, ¡esa puerta es mejor en el aire que un gigantesco avión 747 en tierra con los motores rotos!

Hay muchos cristianos que no saben nada acerca de las diferencias entre espíritu, alma y cuerpo; ni sobre la necesidad de que sean sanadas las heridas de su alma a fin de que puedan volar con más eficacia, ¡pero están volando! Es posible que realicen algunas maniobras bastante raras de vez en cuando, y aterroricen a las personas que los rodean; pero están en el aire, y hay acción en su vida. Ciertamente, ocurrió con respecto a algunos de los héroes de los primeros días del Pentecostés, y también ocurre con respecto a algunos de los que están en el escenario hoy. Tal vez carezcan de delicadeza, y parezcan carecer también de entendimiento en algunos sentidos. Tal vez estén alejando a algunas personas a causa de sus rarezas, pero como tienen la puerta abierta, están dispuestos y aman al Señor, El puede obrar a través de ellos. Sería mejor que contaran con las dos cosas: fuerza motriz y forma aerodinámica; pero si tenemos que escoger, escogeremos la fuerza motriz, ¡y recogeremos los añicos!

En este libro estamos tratando de demostrar, entre otras cosas, cómo podemos hacer que nuestras "máquinas volantes sean más eficaces y dignas de volar; pero recordemos que eso significa que tenemos que prestar atención tanto a nuestra pureza aerodinámica — la corrección de los bloqueos que se presentan en el alma y el cuerpo — como a nuestra fuente de energía: el nutrimiento y fortalecimiento del fluir del Espíritu.

Después de haber hecho lo mejor que podamos para asegurarnos de que la fuerza motriz esté fluyendo, estamos listos para prestarle atención a la forma aerodinámica.

Después de que los seres humanos fueron separados de Dios espiritualmente y el alma tomó el mando, la voluntad ya no pudo mirar al espíritu en busca de orientación, así que se vio obligada a tomar sus propias decisiones a partir de los datos que le suministraban el intelecto, las emociones y los sentidos corporales. Esto significaba que la voluntad tenía que decidir en el *razonamiento* y el *sentimiento*, y *reaccionar* ante los sucesos del mundo externo.

Su propio camino, o el camino del Señor

Mientras los seres humanos estén espiritualmente separados de Dios, la única manera en que Dios puede ofrecerles orientación, consiste en establecer leyes y principios por medio de los cuales opere *la voluntad*. Así era como funcionaban las cosas en el Antiguo Testamento. Después de que una persona ha nacido de nuevo en el Espíritu, y ha vuelto a establecer el contacto con Dios, se hace difícil para la voluntad la transición al "camino nuevo y vivo" del Nuevo Testamento, en que Dios quiere guiarnos directamente a través de nuestra comunión con el Espíritu Santo. La voluntad sigue intentando modificar sus propios planes para colocarlos a la altura de la voluntad de Dios; básicamente, aún quiere hacer lo que le parezca. No es una rebelión directa; es algo más sutil. Es un regreso al legalismo: — Dime, Señor, cuáles son las normas y yo obedeceré y adaptaré mis planes a ellas. Así lograré tu aprobación.

Eso fue lo que hicieron los hijos de Israel en el Sinaí. Le dijeron a Moisés: — Sube tú, y habla con Dios, y dinos lo que El quiere que hagamos. Lo que El diga que hagamos, ¡lo haremos! (vea Exodo 19:8).

Jesús dijo: "Yo estoy con vosotros todos los días, hasta el fin del mundo." Confiad en mí, y yo os guiaré.

Entonces la voluntad dice: — ¿Verdad que es magnífico? Jesús estará conmigo y me ayudará a realizar mis planes. ¡Mira, Señor, tengo algunas ideas estupendas!

Un poco más tarde decimos: — Señor, yo pensaba

que Tú ibas a estar conmigo. ¡Pero mira la confusión en que estoy!

El Señor responde: — No. Mejor di: ¡Mira la confusión en que estamos! Yo estoy contigo, ¿recuerdas? A mí tampoco me gusta esta situación. Pero no estuviéramos en esta confusión, si tú me hubieras seguido a donde Yo quería llevarte. Has estado insistiendo en que yo vaya contigo a donde tú quieres que vaya; ¡y ahí es precisamente donde nos encontramos! Ahora, ¡comienza a seguirme, y pondremos las cosas en orden!

Las personas se sienten frías incluso desilusionadas con Dios, porque sus propios planes, que parecían tan dignos, no han funcionado. Sin embargo, en realidad, no le han permitido a Dios entrar en esos planes. ¡Simplemente esperaban que El bendijera lo que ellas ya habían decidido hacer! ¿Ha notado usted cuán maravillosamente bien funcionan las cosas y encajan unas con otras cuando usted permite que Dios lo guíe, en vez de tratar de cumplir obligaciones y lograr que se hagan las cosas tal como estaban planificadas?

¿Lo frustra a usted la segunda alternativa?

También está la *frustración*. La voluntad quiere decidir sobre el curso de una acción, pero no puede; o quiere tomar cierta dirección, pero es detenida por circunstancias que no puede controlar. Esto es, otra vez, resultado de no mirar al Espíritu Santo en busca de orientación. Si usted espera que el Espíritu Santo le muestre el camino, no se sentirá frustrado en caso de que las cosas parezcan contradictorias. Simplemente esperará hasta que el Señor aclare el asunto. Y si hay oposición a los planes que obviamente parecen ser los correctos, usted tampoco se sentirá frustrado por eso; esperará a que el Señor quite la oposición, o le muestre un segundo plan, otra alternativa.

El enemigo tiene una táctica muy sutil para tratar de hacer que dejemos de confiar en Dios. Funciona más o menos así: Usted está tratando de tomar una decisión; digamos que está tratando de decidir si renuncia a su trabajo y acepta uno que le ofrecen en otra ciudad. Usted trata de seguir la orientación del Señor, y parece que El lo está guiando a que siga adelante. Todas las puertas están abiertas. Consigue una casa fácilmente y a precio razonable en la otra ciudad. Halla alguien que le hará la mudanza de sus pertenencias a un precio razonable. El nuevo trabajo parece que le cuadra perfectamente. Todo marcha como un mecanismo de relojería, y entonces, después de que usted ha renunciado a su antiguo trabajo, y está listo para la mudanza, algo sale mal. Alguno del nuevo negocio se opone a que usted entre; o el puesto vacante que usted había esperado ocupar se cierra debido a un reajuste de la organización; o el hombre que iba a comprar su antigua casa, se sale del negocio. . . ¿Y ahora, qué? ¿Lo dejó Dios abandonado? Usted estaba tratando de seguir la orientación de El, ¡y ahora, mire lo que ha ocurrido!

¡Ah! pero espere un momento. Usted estaba tratando de seguir su orientación, pero aún estaba pensando como si Dios le estuviera diciendo qué debía hacer, y usted estuviera realizándolo por su propia cuenta. Se le olvidó otra vez que El está junto a usted en esta situación. ¡Cuando la puerta se cerró delante de su cara, también se cerró delante de la cara de El! El no está sentado en el cielo halando las cuerdas solamente; está con usted y en usted. El está a su lado siempre (Romanos 8:31). No permita que lo domine el pánico; simplemente pídale que ponga en vigor la "segunda alternativa".

Se nos olvida que Dios no puede forzar a las

personas para que hagan lo que El quiere que hagan, pues así les quitaría la libertad; y El no haría eso. En su obra *El hombre espiritual*, Watchman Nee dice que ni Dios ni el diablo pueden hacer nada con nosotros, sin obtener primero nuestro consentimiento; "porque la voluntad del hombre es libre". Dios tenía el propósito de que aquella persona de la nueva organización aprobara su entrada en la compañía; pero no lo hizo. Así que un ser humano puede detener al mismo Dios al decir: "¡No!" cuando Dios había planificado que dijera: "¡Sí!" Y eso es lo que hace que se deshaga el primer plan. ¡Pero Dios siempre tiene una "segunda alternativa"! (¡Y también tiene la tercera y la cuarta, y todas las que sean necesarias!)

A Satanás le encanta empujarnos hacia la frustración: "Necesita tomar una decisión —insiste—. Tienes que actuar. De lo contrario perderás la oportunidad." Pero Dios sabe cuál es el tiempo oportuno.

Usted debe dar el primer paso

Dios no quiere que dejemos de tener voluntad. Muchas veces usted oirá que algunos hablan como si Dios quisiera aplastar nuestra voluntad. Generalmente se dice que El quiere "quebrantarnos". Esta es una palabra poco afortunada, pues normalmente implica alguna clase de destrucción. Dios nos dio libertad de voluntad a fin de que pudiéramos decidir seguirlo, no por temor, ni por el deseo de conseguir recompensas o méritos, sino por amor.

El no quiere quebrantar nuestra voluntad en el sentido de destruirla, sino en el sentido en que quebrantamos a un caballo para domesticarlo y hacer que llegue a ser manejable. Aun este ejemplo es menos que feliz, porque Dios no desea manejarnos como caballos. Tal vez un cuadro mejor sería el de un caballo de polo, que entra en el juego casi tanto como su jinete. Dios quiere que nosotros ajustemos libremente nuestra voluntad a la suya, que permitamos que el Espíritu Santo que mora en nosotros conforme nuestra voluntad a la de El, de tal modo que queramos lo mismo que El quiere porque su naturaleza está en nosotros. Aun así sigue siendo una decisión voluntaria.

Obedecer a Dios suprimiendo nuestros propios deseos sería algo así como lo que le ocurrió al niñito que estaba de pie en la banca de una iglesia. — Siéntate, hijo — le dijo el papá, pero el niño siguió de pie.

— Te dije que te sientes — le repitió el padre, y esta vez le puso una mano sobre el hombro y en forma bondadosa pero firme, lo sentó. El niño miró a su papá y le dijo —: ¡Por fuera estoy sentado, pero por dentro estoy de pie!

Tal vez necesitemos restringirnos algunas veces, es cierto, y hacer cosas que realmente no queremos hacer, porque sabemos que Dios quiere que las hagamos; pero si nunca vamos más allá de hacer lo que Dios desea por el hecho de que queremos aprobación o recompensa, o sólo por temor al castigo, ¿dónde está el gozo que hay en esto? A fin de cuentas, Dios no sólo desea que nosotros queramos lo que El quiere, sino que disfrutemos completamente en hacerlo, porque lo amamos y El nos ama.

Algunas personas han dicho cosas como la siguiente: — Toda esa vida abundante en Cristo suena bien para otros, pero yo soy demasiado débil para llevarla. Soy una persona de voluntad débil. — Un día Rita estaba pensando en esto, cuando recordó la experiencia que tuvo Jesús con el endemoniado gadareno que, según parecía, había sido invadido por completo por una legión de demonios (Lucas 8:26 y siguientes). El hombre parecía estar totalmente fuera de sí. Había roto toda su ropa y se había herido el cuerpo. No podían encadenarlo porque rompía las cadenas. Sin embargo, cuando vio a Jesús, corrió hacia El y cayó a sus pies. Toda la legión de demonios que lo estaba atormentando no pudo detenerlo, porque quiso acudir al Señor en busca de ayuda.

De inmediato le vino a Rita un pensamiento del Espíritu Santo: — La voluntad más débil del mundo es suficientemente fuerte para acudir a Jesús. — ¡Ninguno de los que leen esto está en condiciones tan malas como las del gadareno! No importa cuán débil se sienta usted: nunca estará demasiado débil para acudir a Jesús en busca de ayuda.

Su voluntad es más poderosa que sus sentimientos o su recuerdo. Si usted da el primer paso, y dice: "Jesús, ayúdame", El siempre responderá a su llamado.

17

Bloqueos y bendiciones del intelecto

"Si se alimenta con basura, basura es lo que sale". Así suelen decir los que trabajan con máquinas computadoras. Uno tiene que hacerle a la computadora las preguntas correctas, programarla correctamente e interpretar adecuadamente los resultados, si quiere obtener algo más que basura. Lo mismo es cierto con respecto a la computadora que llevamos en nuestro cráneo, nuestro maravilloso cerebro. Su cerebro no es su intelecto, pero es el instrumento más importante que usa su intelecto.[1] El intelecto comprende la manera en que usted maneja su máquina pensante: es el proceso total del razonamiento y es maravilloso. Dios se lo dio a usted para que lo usara.

El intelecto, sin embargo, se convierte en un bloqueo para el espíritu cuando no comprende la diferencia entre espíritu y alma, e insiste en que tiene que entenderlo todo, no sólo sus propios asuntos, sino también los del espíritu, y aun los del Espíritu Santo. "No voy a aceptar nada que no pueda entender o razonar." En la primera parte de este libro hablamos acerca de Tony Carter. Como usted recuerda, él estaba luchando con su intelecto, porque estaba empeñado en entender todo primero y ante todo con su mente.

En el reino del espíritu, sin embargo, el intelecto

necesita hacerse atrás y decir humildemente: "Esto está fuera de mi territorio. Va más allá de mi capacidad para entender y explicar." Cuando esto ocurre, no hay conflicto, y el intelecto puede ocupar su lugar como siervo del Espíritu.

Si usted comprende la diferencia entre alma y espíritu, verá que mientras esté operando con el alma, puede esperar entender las cosas con la mente; pero cuando usted se mueve hacia el reino del espíritu, aunque no está desechando la razón y no tiene que ser irracional, se ha movido hacia la región que está por encima de lo racional, lo suprarracional.

El uso de la Biblia

El doctor Dueker, de quien ya tomamos una cita, dijo un día lo siguiente: "Mi clase de estudio bíblico favorita no es cuando adquiero un conocimiento intelectual acerca de la Biblia, sino cuando parece que Dios pasa por alto mi intelecto y le habla directamente a mi espíritu."

Jesús dijo: "El espíritu es el que da vida; la carne para nada aprovecha; las palabras que yo os he hablado son espíritu y son vida" (Juan 6:63). Cuando Jesús nos habla por medio de las páginas de las Escrituras, éstas le transmiten su vida a nuestro espíritu. Algunas veces podemos sentir un despertar en nosotros, y eso significa crecimiento. Estamos de acuerdo en que la mejor clase de estudio bíblico, es aquella en la cual el Espíritu de Dios le habla directamente a nuestros espíritus (Juan 4:24).

Las palabras de Jesús que se hallan en los cuatro evangelios deben ser el fundamento de toda lectura bíblica. De allí podemos pasar a los Hechos de los Apóstoles, a las epístolas de Pablo y a las demás epístolas, y luego, al resto de la Biblia. Jesús les podrá dar vida a estas otras partes de las Escrituras cuando lo veamos a El revelado en ellas (Lucas 24:27-32).

Otra amiga, Mary Burbank, hizo la siguiente pregunta: "¿Cómo alimentan las Escrituras nuestro espíritu? ¿Primero inspiran nuestra mente, y luego se mueven de la mente al espíritu? ¿O proceden directamente del Espíritu al espíritu humano y después del espíritu a la mente? Creemos que lo hace de las dos maneras. Cuando meditamos intelectualmente en las Escrituras, el Espíritu Santo las hace vivas en nuestro espíritu. Parece llegarnos más pura y poderosamente, sin embargo, cuando el Espíritu de Dios le habla directamente a nuestro espíritu.

El Espíritu Santo le puede hablar directamente al espíritu humano sin tenerle que explicar las cosas al intelecto. Hay un conocimiento interno del espíritu, que trasciende completamente los cálculos del alma. La gente se maravillaba de Jesús. "Y se admiraban de su doctrina; porque les enseñaba como quien tiene autoridad, y no como los escribas" (Marcos 1:22). Jesús no tenía que citar a nadie en respaldo de lo que decía, porque el Espíritu Santo confirmaba la verdad de lo que estaba diciendo en aquellos que tenían oídos para oír. El enseñaba en el Espíritu, no sólo a través del intelecto.

El intelectualismo bíblico

El apóstol Santiago nos amonesta: "Recibid con mansedumbre la palabra implantada, la cual puede salvar vuestras almas" (Santiago 1:21). Aquí se ve claramente que no se está refiriendo directamente a las Escrituras, sino a Jesús, la Palabra, cuya vida ha sido implantada en nuestro espíritu al unirnos con el Espíritu Santo. A través de todo este libro, hemos estado hablando acerca de "recibir la Palabra implantada"; de permitir que la vida de Dios que está en nosotros fluya y transforme nuestra alma y nuestro cuerpo para que se parezcan más a Jesús.

No es la Biblia, el hecho físico del libro, lo que "salva nuestras almas". El Espíritu Santo usa las palabras de las Escrituras para hablarnos directamente. La Biblia es su libro especial porque contiene la relación inspirada de los tratos de Dios con el hombre en el pasado. Es el libro supremo de testimonio y orientación.

Necesitamos entender la Biblia intelectualmente también, hasta donde podamos, pero este es un camino salpicado de toda clase de peligros. Es posible convertirse en un "intelectualista bíblico". Durante los últimos doscientos años, los eruditos comenzaron a estudiar la Biblia de una manera puramente intelectual, y el resultado ha sido cierta clase de crítica destructiva que en su forma más extrema la reduce a la condición de "otro libro más" de especulación religiosa y de mitología, sólo valioso por sus enseñanzas morales. Aun éstas son eliminadas por los ultra-modernistas. Por otra parte, muchos cristianos reaccionaron con otra clase de intelectualismo; estudiando Biblia de una manera que los ha conducido a interminables discusiones sobre su exactitud e infalibilidad, y algunas veces a cierta clase de adoración con respecto a un libro que puede ser tan frío y sin vida como la agilidad mental de los escribas y los fariseos en la época de Jesús.

Jesús tuvo un gran respeto por las Escrituras, pero no vaciló en señalar que El es la fuente de la vida, y no el libro. "Ni tenéis su palabra morando en vosotros; porque a quien él envió, vosotros no creéis. Escudriñad las Escrituras; porque a vosotros os parece que en ellas tenéis la vida eterna; y ellas son las que dan testimonio de mí; y no queréis venir a mí para que

tengáis vida" (Juan 5:38-40). El intelecto siempre
quiere tener algo impersonal y objetivo que estudiar,
ya sea un libro, una teoría o un objeto físico. El
espíritu sabe más que eso y siempre busca a la Palabra
viviente, a Jesús, para disfrutar de la comunión con
El.

Esta es la razón por la cual el uso más eficaz de la
Biblia no se limita a verla como materia para el
estudio intelectual y la discusión (aunque hay tiempo
y lugar para eso también), sino que permite que el
Espíritu Santo le hable directamente a nuestro espíritu, y luego a nuestro intelecto.

¡El Espíritu Santo maneja las Escrituras con mucha
libertad! Un amigo nuestro, J. A. Dennis, de Austin,
Texas, nos cuenta cómo el Señor le hizo una promesa
de sanidad para su sistema digestivo: "Yo quitaré toda
enfermedad de en medio de ti" (Exodo 23:25). El
cuenta cómo un amigo erudito se rió de él: — ¡Eso no
es lo que significa ese texto!

— Pero — dijo nuestro hermano — eso es lo que
significa para mí. Y fue eficaz. Su úlcera estomacal
fue curada.

El "orgullo y el orgullo al revés"

El intelecto es muy vulnerable al orgullo. El orgullo
intelectual lleva a una persona a insistir en lo que ha
deducido, o piensa que ha deducido, aun en presencia de hechos contrarios. ¡Los científicos son tan
vulnerables como los teólogos cuando se trata de esto!
Las batallas por las teorías científicas han sido casi tan
crueles como la Inquisición. Volvamos a leer acerca
de las dificultades con que se enfrentaron los que
descubrieron el oxígeno, o la circulación de la sangre,
o los que propusieron la teoría de que son los
gérmenes los que producen las enfermedades, por

ejemplo. Es muy difícil para los seres humanos ser realmente objetivos. Tan pronto como el intelecto ha entendido algo, es muy difícil que lo suelte.

Hay otra trampa intelectual sutil, que puede engañarnos porque parece muy espiritual. Consiste en decir: "¡Ah! No me voy a molestar con todo ese asunto de las doctrinas; eso no es más que intelectualismo. ¡Yo sólo quiero seguir al Señor!" Esta es una clase de orgullo intelectual al revés: ¡el orgullo de no usar la cabeza! La trampa está en que es imposible no usar la cabeza. Todos nos formamos alguna clase de teoría o idea con respecto a Dios: una teología; y si usted no tiene una buena teología, ¡con toda seguridad tendrá una mala! El intelecto humano va a hallar una respuesta de alguna manera. Así que no piense usted que no tiene que usar la cabeza cuando se trata de cosas espirituales. Lo que sí necesita es reconocer las limitaciones del intelecto en el mundo del Espíritu.

La duda nunca llega

La duda es una buena actitud en el campo científico. Un buen investigador duda de todo, y nunca dirá: "Lo sé con seguridad". Los científicos no hablan acerca de "leyes", sino de teorías, y una teoría puede ser derribada en cualquier momento, si aparecen nuevos datos que la destruyen. La duda nunca llega a su meta, aunque puede acercarse a ella. Siempre dice como el antiguo canto: "¡Hasta que venga lo que es real, yo te acompañaré!"

La vida espiritual, por otra parte, comienza con una absoluta confianza, no en un conjunto de datos, sino en una Persona, y procede a partir de ella. En la ciencia, uno debe reservarse el juicio todas las veces, pero en la fe, la decisión queda hecha una vez por todas. La fe comienza con la entrega; de hecho, espiritualmente, la duda es precisamente lo opuesto a la fe. El gran Agustín, obispo de Hipona, colocó las cosas en el orden correcto cuando dijo: "*Credo, ut intelligam*"; es decir, "Creo para entender".

La duda puede ser también un asunto emocional. Dudo porque tengo miedo; o dudo porque estoy influido por la personalidad de otro. La duda conduce al doble ánimo, y las Escrituras dicen: "El hombre de doble ánimo es inconstante en todos sus caminos" (Santiago 1:8). Jesús nos dijo que no debemos estar "en ansiosa inquietud" (Lucas 12:29). El dijo: "Si tuviereis fe, y no dudareis. . . si a este monte dijereis: 'Quítate y échate en el mar, será hecho' (Mateo 21:21). Y en Marcos 11:23, dice de la persona que "no dudare en su corazón" que "lo que diga le será hecho".

Información errónea

Hay otra trampa para el intelecto: la información errónea. "Saber a medias es algo peligroso", decía Alexander Pope. Si usted no está realmente dispuesto a profundizar en un tema, no debe confiar en el conocimiento que tenga sobre él. En la ciencia, cada investigador hace su edificación basado en la obra del que lo precedió. No se lograría ningún progreso si cada uno repitiera y verificara todos los experimentos y reflexiones ya hechos. En el campo de la religión, en cambio especialmente en tiempos de renovación, hay una cierta tendencia a rechazar o pasar por alto lo que se ha dicho y pensado en tiempos pasados. No sea usted un "experto instantáneo" en asuntos espirituales. Lea y oiga lo que otros dijeron en tiempos pasados, y lo que están diciendo en el presente.

Alguien ha dicho: "Un teólogo tiene que pensar en función de siglos". Esto significa que el teólogo puede decirle: "Si yo fuera usted, no seguiría esa idea. Hace trescientos años, un grupo de personas la adoptó y se fueron todas por el despeñadero, ¡aquí precisamente!"

— Fui al supermercado — dice Dennis — a comprar un termómetro de exterior. Miré varias docenas de termómetros que estaban en el recipiente, ¡y todos parecían tener una lectura un poco diferente! Al principio me iba a rendir, puesto que los instrumentos eran todos tan inexactos. Luego me vino una gran idea. Coloqué alrededor de una docena de termómetros el uno junto al otro, promedié sus lecturas, y escogí uno que dio la lectura promedio".

Ninguno de nosotros entiende a Dios perfectamente; por esa razón tenemos que comparar nuestras "lecturas" con las "lecturas" que tienen las personas que nos rodean, y también con las de los que han vivido y muerto antes que nosotros.

¿Cuáles son las curas?

En resumen, ¿cuáles son las curas para los bloqueos del intelecto? En primer lugar, no rechazar el intelecto, pero, por otra parte, no tomarlo demasiado en serio. Comprender que el intelecto es un instrumento muy útil del alma, e importante para ayudarnos a vivir en este mundo; pero comprender también que en el mundo del Espíritu, el intelecto debe ocupar un lugar muy humilde. Esta es una de las razones por las cuales el Espíritu Santo nos da la manifestación de las lenguas de oración. "Porque si yo oro en lengua desconocida, mi espíritu ora, pero mi entendimiento (intelecto) queda sin fruto" (1 Corintios 14:14). Las lenguas son una de las evidencias más claras y directas de que el espíritu puede funcionar directamente, sin que el intelecto tenga que meterse en el acto. Cuando alguien está hablando en lenguas, la voluntad está muy comprometida, ¡pero el intelecto es lo menos necesario de todo por el momento!

En segundo lugar, comprender que debemos entrenar bien a nuestro intelecto en cuanto a nuestra fe. Necesitamos entender todo lo que podamos en cuanto a cómo han experimentado a Dios los seres humanos y cómo han interpretado las Escrituras. Necesitamos poder pensar con lógica acerca de las cosas de Dios, mientras comprendamos que Dios puede superar (y no contradecir) nuestra lógica. Dios no se contradice a sí mismo, ¡y El fue quien inventó la lógica!

En tercer lugar, lo más importante es comprender que el intelecto se halla en su ambiente en la zona del alma, pero que en el mundo del espíritu es superado, porque "nosotros tenemos la mente de Cristo" (1 Corintios 2:16b).

---

[1]El doctor H.W. Dueker, neurocirujano de Van Nuys, California, dice esto mismo del siguiente modo: "Podemos señalar la localización física que corresponde a la voluntad, a las emociones y al intelecto en el cerebro humano. Razonablemente podemos decir que el cerebro es *la maquinaria del alma*, pero no tenemos por qué tener la idea de que el cerebro *es* el alma".

18

Los sentimientos que ayudan y los que estorban

¿Ha visto usted alguna vez una multitud en un partido reñido de pelota? Es completamente aceptable gritar, saltar, darle una palmada en la espalda a una persona completamente extraña, gruñir y hasta llorar en los momentos decisivos. ¿Le gustaría a usted ser el entrenador de un equipo de pelota a favor del cual no se manifiesta ninguna emoción desde las graderías? ¿Ha notado usted cuánto más difícil le es a un equipo ganar juegos fuera de su ciudad que cuando siente el calor de los aficionados del lugar que los respaldan?

¿Querría usted dirigir un programa de ventas, enseñar en una escuela, criar niños, dar una conferencia, jugar golf, leer un libro, o hacer cualquier otra cosa sin *emoción*? ¿Sin sentimiento? La emoción es vital.

¡Si usted no se conmoviera con nada, estaría muerto! ¡O mejor que lo estuviera! No se puede guiar la vida mediante las emociones, y hay ocasiones en que hay que pasar por alto los sentimientos, y simplemente marchar hacia adelante con lo que se sabe que es correcto. Sin embargo, aunque andemos en la oscuridad un tiempo guiados por los sentimientos, estamos anhelando salir a la luz, y experimentar el amor, el gozo y la bondad. ¡Sería muy malo (si fuera posible) llegar al cielo y aún sentirse en el infierno! El cielo será cielo para nosotros, no por causa del ambiente (¡aunque será muy bello también!), ni siquiera porque Dios esté allí, sino porque le responderemos a Dios con amor y gozo; porque sentiremos y disfrutaremos su presencia.

El efecto de las emociones negativas

La batalla en el campo de las *emociones* es siempre si le haremos caso *al mundo* que nos rodea, o *al Espíritu* que está dentro de nosotros. Si se dejan sueltas las emociones, serán arrasadas por la impresión más fuerte del momento. Seguramente usted conocerá personas que están arriba en las nubes cuando están en comunión feliz con cristianos. Su espíritu se agita y sus emociones responden al Espíritu Santo. Pero al día siguiente, en la oficina, los estímulos más fuertes proceden del ambiente, de las presiones del trabajo; y sus emociones se vuelven hacia ellos; por tanto, se sienten trastornados o deprimidos.

Nosotros, los Bennett, hemos aprendido a cuidarnos de los trucos del enemigo cada vez que nos estamos preparando para algún trabajo importante. El enemigo, si es posible, creará situaciones en que las emociones se trastornen. Tratará de agitar alguna irritación insignificante: hacernos discutir, aun suavemente, sobre algún asunto que no sea importante. O tratará de que nuestro equipaje se demore. Es posible que provoque sensaciones de disgusto si algún empleado de la línea aérea no es útil o si es descortés (lo cual rara vez ocurre). — ¡No pueden hacerme esto a mí! — Así hace que estemos menos listos para funcionar en el Espíritu. Esta es la emoción de la *ira*.

¿Puede la ira ser alguna vez respuesta al Espíritu? Sí, existe lo que se llama "justa indignación", pero ésta nunca es un odio hacia las personas o las cosas; sólo es un odio hacia la obra del enemigo. Siempre que tengamos resentimiento o ira hacia las personas o las circunstancias como tales, podemos estar seguros de que estamos haciéndole caso al mundo, y no respondiendo al Espíritu Santo. El fruto del Espíritu es amor, gozo, paz; sin tener en cuenta lo que esté sucediendo fuera de nosotros. No somos responsables de lo que hagan otros, pero somos responsables de nuestras reacciones ante la conducta de ellos. El Espíritu Santo que está en nosotros puede movernos a la acción, pero El nunca nos trastornará ni hará que nos sintamos confusos ni frustrados. ¡Ni siquiera se nos permite airarnos contra el diablo! (Judas 9).

Dios nunca hará tampoco que tengamos *miedo*. El "temor del Señor" es algo muy mal entendido. Por supuesto, significa respeto, no miedo. Hay una bella escena en una gran obra clásica para niños, *The Wind in the Willows* (El viento en los sauces): El topo y la rata de agua acaban de treparse sobre Pan en un claro del bosque. Pan es un símbolo de Cristo para los animales del cuento. Lo miran con adoración. El topo dice:
— Ratita, ¿tienes miedo? — La rata responde —: ¿Miedo? ¿De él? ¡Nunca! Y sin embargo, topo, ¡tengo miedo!

El temor humano es la más mortal de las emociones, y también la más destructiva. Según las Escrituras, es lo opuesto al amor: "El perfecto amor echa fuera el temor; porque el temor lleva en sí castigo" (1 Juan 4:18). Cuando uno anda en el Espíritu, nunca tendrá miedo, porque está consciente de que Dios lo guía y lo ama. Cuando sentimos la emoción del temor, sabemos que nuestras emociones están haciéndole caso al mundo, y no al Espíritu, y por supuesto, la capacidad del Espíritu Santo para moverse a través de nuestra vida queda entonces bloqueada muy firmemente. No se puede responder a Dios cuando se está lleno de miedo.

Las buenas emociones también pueden interferir

Pero no sólo las emociones desagradables pueden interferir en la obra del Espíritu. Hay algunos sentimientos agradables que también pueden hacerlo. Tomemos, por ejemplo, el *afecto*. Ciertamente, es una emoción importante. En 2 Timoteo 3:3 se nos indica que una de las señales del colapso de las cosas en los últimos días será que algunos no tendrán "afecto natural". Es bueno y natural que un niño sienta afecto hacia sus padres, y viceversa. Es natural que una persona sienta afecto por el lugar en que nació y por sus amigos. Estas son cosas buenas, pero también pueden obstaculizar la obra del Espíritu, a menos que estén bajo la dirección de El.

Jesús no sólo dijo que había venido a poner al hombre en disensión con su familia (Mateo 10:35), sino también que sus seguidores tendrían que aborrecer a padre y madre (Lucas 14:26). Según este versículo, es obvio que nuestro Señor no estaba hablando en sentido literal, pues El mismo no odió a su propia madre, sino que mostró tierna preocupación por ella. Sin embargo, cuando su madre y sus hermanos llegaron para persuadirlo de que abandonara su ministerio, dijo: "¿Quién es mi madre, y quiénes son mis hermanos? . . .Todo aquel que hace la voluntad de mi Padre que está en los cielos, ése es mi hermano, y hermana, y madre" (Mateo 12:48-50).

La palabra "afecto" se refiere a la reacción que produce en nuestro interior alguna cosa. Y esto también puede venir de desde cualquier dirección: de Dios o de "la carne". Podemos permitir que el amor de Dios nos "afecte" y sentir afecto hacia El. El amor de Dios en nosotros nos capacitará entonces para sentir afecto hacia nuestros semejantes, ya sea que inspiren cariño o no, y que nos correspondan o no. Este es el amor (*ágape*) del cual nos habla el Nuevo Testamento; el que ama porque tiene amor en sí mismo, no porque la otra persona inspire cariño o sea amable. Esa es la clase de amor que es Dios.

El afecto humano, por otra parte, es exclusivista. Ama a uno y a otro no. Por tanto, puede crear ira y envidia. El apóstol Pablo dice: "Poned la mira (el afecto) en las cosas de arriba, no en las de la tierra" (Colosenses 3:2). No está condenando el amor ni el afecto humanos. Bien sabemos Pablo sentía un gran afecto por sus amigos; habla de ello a menudo. Lo que significa es que aun nuestro afecto humano debe venir por medio de Dios y ser dirigido por El. De otra manera volveríamos al pecado original, en que cada persona atrapa algo y dice: — ¡Esto es mío!

El entusiasmo y el gozo también pueden estorbar el movimiento del Espíritu. Podemos estar tan dominados por el júbilo a causa de alguna cosa buena que ha sucedido, que se nos puede olvidar dónde están nuestro gozo real y nuestra seguridad, y cuán transitorio es el gozo humano.

Como ya se dijo, todas estas emociones conscientes pueden ser controladas. Algunas veces nos cuesta creerlo, pero así es. Podemos dominar nuestras emociones si controlamos nuestros pensamientos (intelecto) y, por supuesto, controlamos nuestros pensamientos por medio de nuestra voluntad. Podemos decidir si reaccionamos ante las cosas del mundo que nos rodea, o actuamos en conformidad con la inspiración del Espíritu Santo. Yo puedo pensar que una persona determinada me irrita, pero lo que ocurre realmente es que yo permito que me irrite; de hecho, como lo señaló un sicólogo, ¡me irrito *yo mismo* cuando esa persona está cerca!

Las emociones que tratan de controlarnos

Cuando llegamos a las emociones irracionales e inconscientes, hallamos cosas que no podemos controlar. Podemos controlar nuestra manera de actuar en respuesta a estos sentimientos, pero no podemos controlar directamente los mismos sentimientos.

Bill Carter, de quien hablamos en el primer capítulo de este libro, tenía dificultades con sus afectos. Tenía un matrimonio feliz; sin embargo, se sentía tentado a galantear a las muchachas de la oficina. Controlaba esta inclinación por medio de su voluntad, pero lo seguía molestando. ¿Por qué tenía que sentirse así? Por un tiempo breve, después de haber recibido la libertad del Espíritu Santo, parecía que estos sentimientos se le habían ido, pero luego volvieron.

Es simplemente algo cruel y tonto criticar a una persona como Bill por tener sentimientos inaceptables. Esos sentimientos pueden venir de regiones de la estructura emocional de la persona que corrientemente están fuera de su alcance. Si la persona actúa de acuerdo con esos sentimientos, se mete en problemas, pues la conducta dictada por los sentimientos puede ser destructiva y debilitante, tanto para el individuo como para la sociedad.

Un hombre que tenga mal temperamento no puede ser criticado por tenerlo, pero si pierde el control sobre él, se mete en dificultades. No es pecado tener malos sentimientos, pero es malo alimentarlos y permitir que nos controlen o se manifiesten por medio de nosotros.

Hablemos acerca de la forma de lograr que tales sentimientos sean sanados.

19

El subconsciente

Después de Juan 3:16: "Porque de tal manera amó Dios al mundo. . .", el versículo más conocido de la Escritura sería Apocalipsis 3:20: "He aquí, yo estoy a la puerta y llamo; si alguno oye mi voz y abre la puerta, entraré a él, y cenaré con él, y él conmigo."

Millones de personas han nacido de nuevo para el Reino aplicándose estas palabras personalmente e invitando a Jesús para que entre a tener comunión con ellas en su espíritu. Millones más serán atraídas hacia El por medio de esta invitación.

Sin embargo, cuando uno examina el contexto original se sorprende un poco al comprender que Jesús no les está hablando a los incrédulos, sino a los que ya creen en El. Es otro ejemplo de cómo el Espíritu Santo usa la misma porción de las Escrituras de diferentes modos. No hay discusión en cuanto a utilizar Apocalipsis 3:20 para lograr que las personas reciban a Jesús; pero para los que ya lo han recibido, es importante que comprendan que en este pasaje les está hablando específicamente a ellos.

¿En cuál "puerta" está tocando Jesús? El creyente ya le ha abierto la puerta de su *espíritu* y el Señor ha entrado. Así que la puerta en que está tocando tiene que ser la que conduce al *alma*. Pero de igual modo, cuando usted recibió el bautismo en el Espíritu Santo, como hemos tratado de demostrar en este libro, le dio mayor acceso a Jesús en su alma. Si estas personas a las que Jesús les está hablando en el Apocalipsis no habían abierto aún su alma, no eran bautizadas todavía en el Espíritu Santo. Eso no parece demasiado probable. Sabemos que la iglesia de Efeso estaba llena del Espíritu; sin embargo, Jesús estaba llamando a su puerta también (Apocalipsis 2:1-5). ¿Hay otras "puertas" a las cuales Jesús pudiera estar llamando, aun en el caso de los cristianos llenos del Espíritu?

Si un amigo lo llega a visitar, usted le permite entrar en su casa, pero no tiene por qué permitirle el acceso a toda la casa. Cuando usted recibe a Jesús, le permite entrar a vivir en el santuario interno de su casa, su espíritu; y algunas veces siente el toque de El en el alma y en el cuerpo también. Cuando usted es bautizado en el Espíritu Santo, le permite entrar en los "lugares de trabajo" de su casa: cocina, comedor, etc.; y también comienza a permitir que brille a través de sus ventanas, y salga por las puertas hacia el mundo que lo rodea. Pero aún puede tener muchas puertas cerradas para El: las puertas de los aparadores, de los armarios, de los cuartos del sótano y de los cuartos de depósito.

Shirley relata un sueño

Algunas veces Dios provoca algún sueño que se repite una y otra vez para ayudar a uno de sus hijos a comprender los recuerdos no sanados que se hallan relegados al subconsciente.

Estábamos realizando una misión en una parroquia episcopal en Jacksonville, Florida. Shirley Tartt, una mujer pequeña de más de treinta años de edad, nos contó un sueño que había estado teniendo y que le había vuelto la noche anterior a nuestra reunión.

— En mi sueño — dijo ella —, estoy en una casa de dos pisos con muchas habitaciones. Voy libremente de cuarto en cuarto, danzando y feliz. Hay un cuarto en el sótano, sin embargo, que es oscuro y pavoroso. ¡En él hay un monstruo! Mientras permanezco lejos del sótano me siento bien. Dios ya ha hecho muchas cosas bellas en mí — continuó Shirley —, pero pienso que este sueño me está diciendo que hay un aspecto de mi vida que aún necesita sanidad. ¿Qué piensa usted? — le preguntó a Rita.

— ¿Estuvo usted encerrada en algún cuarto cuando niña? — le preguntó Rita, después de pensar un momento.

Shirley guardó silencio. Luego replicó:

— Bueno, sí, recuerdo que cuando tenía ocho años de edad, en el orfanato en que me crié, algunas de las otras muchachas me encerraron accidentalmente en un armario — parecía sorprendida al continuar —. ¡Ah! Otra escena que se me había olvidado (había reprimido) me viene a la mente. Cuando tenía catorce años fui encerrada en el depósito frío de la cocina, pero aquella jovencita sí lo hizo a propósito — volvió a hacer una pausa y continuó —. ¡Ah, sí! Y esa misma muchacha me mantuvo bajo el agua en la piscina un día, hasta que pensé que iba a morir ahogada.

El significado del cuarto pavoroso del sótano en el sueño de Shirley estaba llegando a ser más obvio. Oramos con ella con respecto a cada escena del sueño, comenzando con la menos pavorosa. Posteriormente ella nos escribió "Doy gracias a Dios por haberme librado de estas situaciones que contribuían a mis temores desde hace tanto tiempo. Aunque he tenido victoria desde que fui bautizada con el Espíritu (yo solía sentir miedo a usar el ascensor), aparentemente El quería sanar totalmente estos recuerdos como sólo El sabe hacerlo. Verdaderamente es cierto que su perfecto amor echa fuera el temor".

El subconsciente

El subconsciente es aquella zona de su alma en que es depositada toda experiencia que usted haya tenido en bancos de memoria, como si fuera una computadora. Todo lo que usted haya visto, pensado, sentido y percibido por los sentidos, está allí desde el momento en que lo percibió hasta ahora. Sería imposible mantener todo en su conciencia o memoria activa, por lo que es "depositado" en el subconsciente. Este contiene todos los sentimientos, pensamientos y motivaciones que usted ha tenido a través de su vida. Esto se ha comparado con un témpano de hielo. La punta que se ve es la parte consciente; pero como sucede con el témpano de hielo, la parte que está debajo del agua es siete veces mayor.

No hay mucha duda en cuanto a la existencia de la mente subconsciente, pero las opiniones en cuanto al papel que juega difieren. Algunos piensan que Dios viene al alma por el camino del subconsciente. Otros dirán que el subconsciente es el espíritu.

No creemos que este sea el modo correcto de considerarlo. Dios no entra en la personalidad a través de las profundidades del subconsciente, sino por una dirección totalmente diferente. El espíritu no es la mente subconsciente. El subconsciente es parte del alma. El espíritu es una zona completamente diferente, y como lo hemos demostrado, Dios viene por medio del espíritu.

Con respecto a la mente consciente y subconsciente, el doctor Thomas A. Harris dice lo siguiente: "Las evidencias parecen indicar que todo lo que ha estado en nuestra consciencia activa es registrado en detalle y depositado en el cerebro, y es capaz de ser 'vuelto a tocar' en el presente." Muchas de las respuestas del pasado se vuelven a tocar cuando alguien nos pincha en un lugar sicológicamente adolorido.

La mente subconsciente tiene muchos recuerdos dolorosos depositados. El dicho "Ojos que no ven, corazón que no siente" no es válido en este caso. Lo que está bloqueado y se halla fuera de nuestro recuerdo consciente, aún influirá y dará color a nuestro pensamiento y a nuestras acciones, a menos que sea sanado. Si una herida emocional es muy profunda, uno no puede usar meramente la inteligencia y la fuerza de voluntad para resolver el problema. Los problemas del subconsciente son involuntarios. El subconsciente motiva nuestras acciones, así como la propaganda que se repite una y otra vez puede afectar inadvertidamente nuestra decisión sobre la marca de los productos que compramos.

La oración en lenguas y el subconsciente

La gente a veces pregunta: "¿Las lenguas vienen del subconsciente?" No, no vienen de allí. Si vinieran de allí, tendríamos una caja llena de problemas cada vez que habláramos en lenguas, porque el subconsciente es una bolsa que contiene una gran mezcla de cosas. El espíritu creado de nuevo, donde Dios mora, es santo, y por tanto, cuando usted ora desde allí, donde está el más alto nivel de su vida, es edificado en Él (1 Corintios 14:4a). Si viniera de la parte de su alma que es subconsciente, en un momento usted estaría edificado y en el siguiente deprimido.

El hecho de hablar en lenguas no requiere datos de la mente, ni conscientes o subconscientes, sino es algo dado directamente por el Espíritu al espíritu del cristiano. Esto puede ser saludable para el subconsciente, pues el Espíritu Santo nos da la capacidad de expresar necesidades que se hallan allí, y que de otro modo serían inalcanzables e inexpresables.

Jamie Buckingham afirma que la oración en lenguas es un instrumento valioso para la sanidad del alma. Muchos han descubierto que esto es así, y lo han expresado más o menos como sigue: "Cuando comencé a orar en lenguas fue como si mi mente fuera una grabadora de cinta magnetofónica. Mientras yo oraba, estaba borrando los recuerdos que había en la antigua grabación, y grabando sobre ellos las nuevas palabras e impresiones del Señor." Estas "antiguas grabaciones" pueden ser malestares y dolencias del alma o del cuerpo. Es magnífico saber que Dios puede guiar nuestras oraciones a un nivel que está más allá de nuestro entendimiento.

Aunque usted tenga esta capacidad dada por Dios para hablar en lenguas, aún puede necesitar más ayuda con respecto a la oración específica para sanar el alma. Use todos los medios que Dios ha puesto a su disposición para que tenga sanidad. Dios obra de muchas maneras para que usted pueda llegar a estar totalmente sano.

Sanidad del alma o sanidad interna

En tiempos recientes hemos estado aprendiendo mucho más en cuanto a cómo podemos colaborar con Jesús, cuando él trata de sanar la zona de nuestra alma que está por debajo de la conciencia. Esta sanidad la llamamos a veces "sanidad interna"; pero más a menudo la llamamos "sanidad del alma".

Este es el consejo de Pablo en su epístola a los Filipenses: "Ocupaos en vuestra salvación con temor y temblor, porque Dios es el que en vosotros produce así el querer como el hacer, por su buena voluntad" (Filipenses 2:12b, 13).

Si hemos aceptado a Jesús, Dios está en nosotros y ha producido nueva vida en nuestro espíritu. El está obrando en nosotros. Por otra parte, tenemos que cooperar con Dios para que su vida pueda hacerse real y presente en todas sus facetas en la nuestra. La sanidad del alma es una de las cosas que la salvación obra en nosotros.

Cuando usted recibió a Jesús como Salvador, El entró en su espíritu: el cielo entró en usted. Su espíritu fue totalmente sanado y "justificado". Todo lo relacionado con él fue hecho justo. Fue como si nunca hubiera estado separado de la comunión con Dios. Al mismo tiempo, su alma y su cuerpo fueron tocados por Dios, y comenzó el proceso de restauración. Sin embargo, como ya vimos, hay mucha resistencia a la sanidad de Dios por parte del alma y del cuerpo. Estos no son curados instantáneamente como nuestro espíritu. La restauración en ellos es progresiva, a medida que el Espíritu Santo puede lograr que se vayan sometiendo cada vez más a su señorío. Por eso decimos: "Su espíritu fue salvo, su alma fue salva y está en proceso de salvación (restauración), y su cuerpo está en proceso de salvación (sanación), y será totalmente salvo (creado de nuevo) en la resurrección".

Shirley fue sanada aun más profundamente por las oraciones que se hicieron en favor de la sanidad de su alma. Dios, por medio de una palabra de ciencia y revelación, le indicó lo que representaba la puerta pavorosa de aquel sótano. Entonces ella abrió la puerta para permitir que el amor de El sanara profundamente su mente subconsciente y sus emociones.

Jesús está llamando a la puerta detrás de la cual se esconden sus recuerdos dolorosos y sus emociones heridas. Cuando usted lo oiga llamando, lo único que tiene que hacer es abrir la puerta. Dondequiera que se invita a Cristo, El sana y restaura. Entonces es cuando ocurren milagros.

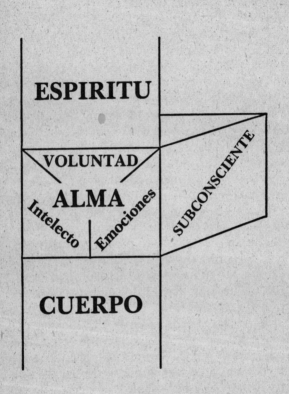

20

¿Necesita sanidad su alma?

— Yo creía que tenía un matrimonio feliz — decía Carl, un distinguido hombre de negocios —. Teníamos tres bellos hijos y un hermoso hogar, y yo estaba progresando en mi trabajo. Luego afloró el problema. Mi esposa había estado en relaciones con otro hombre durante varios años.

Alice había tenido problemas en aceptarse a sí misma. — Cuando era niña, si alguien me hacía un cumplido, mi madre siempre decía: "No es para tanto." Ella nunca me decía que era hermosa. Quería evitar que fuera orgullosa, pero lo que logró fue formarme un profundo conjunto de problemas de identidad."

Sólo podía conseguir la atención de mi padre cuando me había metido en dificultades, y entonces recibía su ira — decía Joe —. Así que me casé con varias mujeres, una tras otra, y ellas me mostraron la única clase de "amor" que yo conocía: un amor cruel que alimentaba mi deseo de ser castigado, mi masoquismo.

— Yo tenía catorce años cuando me cansé de las golpizas brutales y de las huidas del hogar — explicaba Joan, cabizbaja —. Me hice llevar a trechos por vehículos que pasaban. Dieciocho hombres me hicieron este favor. Tres de ellos abusaron de mí y otro, un pervertido, me molestó cuanto pudo. Llegué a mi destino en condiciones peores a las que tenía cuando salí.

¿Pueden ser sanados estos recuerdos y estas vidas? ¿Conoce usted a personas que se hallen en una situación similar? ¿Personas que estén adoloridas? ¿Es usted una de esas personas heridas?

Hay buenas noticias para usted. Cuando usted abra las puertas del "depósito" donde están guardados todos estos recuerdos, Jesús puede limpiarlo y sanarlo de ellos. Esto es lo que llamamos sanidad del alma y restauración. Creemos que puede ser una importante necesidad, aun después de que usted haya nacido del Espíritu por medio de Jesús, y aunque haya sido bautizado en el Espíritu Santo, porque los bloqueos más serios para que fluya con libertad la vida espiritual provienen de estos problemas subconscientes.

Una señora que conocemos había tenido una infancia atribulada, con mucha potencialidad para las heridas. Los años de crecimiento para Marie no fueron fáciles. Sin embargo, cuando recibió la liberación del Espíritu Santo, parece que El hizo una obra muy completa de sanidad en su alma. — Derramé un cubo completo de lágrimas — decía ella —. Me imagino que el Señor tuvo que haberlas usado para sanar lo dañado, pues desde entonces, no he tenido muchos problemas.

Su esposo también había tenido una maravillosa experiencia al recibir el bautismo en el Espíritu, y como resultado, muchas cosas buenas habían ocurrido en su vida. Sin embargo, a través de los años siguientes, él había tenido muchos problemas en el alma: depresión y etapas de debilidad; y aún tiene dificultad para mantenerse libre en el Espíritu. — Tuve lo que externamente podría considerarse como

una niñez segura —comenta—. Fui un niño muy
amado. Sin embargo, tenía algunas heridas reales
procedentes de mis años de formación, y no había
comprendido cuán profundas eran en verdad. —El
bautismo en el Espíritu ayudó a mostrarle las necesidades, pero no lo curó por completo. Este hombre ha
estado sometido a un tratamiento de oración y
orientación para sanar su alma. Ahora dice —: Estoy
asombrado y deleitado con la nueva estabilidad de mi
vida, y con mi libertad creciente.

Ambos eran cristianos bautizados en el Espíritu,
pero su grado de sanidad interna era diferente. Es
bueno que cada uno de nosotros recuerde esto
cuando consideramos el tema de la sanidad del alma.
Cada cual es una persona única, y nos hallamos en
diferentes etapas de crecimiento y sanidad.

¿Necesitamos todos la sanidad del alma?

¿Necesitamos todos que el Señor Jesús sane nuestra
alma? Por supuesto que no todos tenemos problemas
tan trágicos como los enumerados al comienzo de este
capítulo. De igual manera, no todos, gracias a Dios,
tenemos una necesidad urgente de sanidad para el
cuerpo. Por otro lado, podemos pensar que todos
tenemos cierta necesidad de sanidad física, aunque
sólo sea un dolor de un dedo del pie o alguna
dolencia muy insignificante. Pero, si Jesús está dispuesto a sanar todas nuestras enfermedades, como lo
dice la Biblia, seríamos necios si no le permitimos que
lo haga.

Aunque usted no recuerde ninguna experiencia
terrible, es posible que haya cosas pequeñas que
necesiten su toque sanador. Por otra parte, no se
puede predecir el efecto que puede tener la sanidad
de un trauma que aparentemente no tiene importan-

cia. Un amigo íntimo recordó que cuando estudiaba su primer grado, la maestra lo había ridiculizado. Permitió que Jesús sanara esa herida, y luego descubrió con asombro que se estaba moviendo hacia una libertad completamente nueva en su vida espiritual. Esa experiencia aparentemente tonta e incidental había estado reteniéndolo mucho más de lo que él hubiera podido imaginar.

Todo encuentro con Jesucristo tiene algún grado de sanidad interna: salvación, liberación, bautismo en el Espíritu, bautismo en agua, confesión de pecados, Santa Cena, reconciliación con Cristo, sanidad física, revelación al leer la Escritura, experiencia dinámica en la oración, sueños inspirados, y muchos más. Cuanto más abra usted la puerta al amor de Jesús tanta más sanidad recibirá.

La sanidad del alma puede ser necesaria cuando usted sea herido o perjudicado de alguna manera por otra persona, por alguna experiencia o por algún suceso que esté fuera de su control. La herida puede ser causada por el cónyuge, por los padres, por los hermanos, por los maestros, por los amigos personales o por los extraños. Nadie es perfecto, y el amor que damos todos, excepto el que da Dios mismo, es un amor condicional. Como esto es cierto, parece probable que todos hasta cierto punto necesitemos, en el presente o en el futuro, la sanidad del alma.

¿Cómo puedo saber si necesito sanidad para mi alma?

Usted puede necesitar sanidad para su alma en los siguientes casos: si le da miedo volar en avión o ir en carro; si pasa horas en el mundo de la fantasía; si tiene un deseo constante de recibir apoyo, o si no quiere ni que lo toquen; si ha tenido impedimentos para leer por defecto congénito o algún otro inconveniente en la niñez; si le disgusta intensamente el sexo opuesto, o su propio sexo, o si no se acepta a sí mismo; si no puede perdonar a su padre o a su madre; si no tiene controles internos; si desea hacerse mal o hacérselo a otros; si vivió en alguna zona de guerra o estuvo en combate; si lo obsesiona el deseo sexual, o tiene una sexualidad anormalmente fría; si carece de identidad propia; si experimenta largos períodos de depresión o de sentimientos de culpa que lo abruman; si a veces preferiría no haber nacido; si fue tratado cruelmente o abusaron de usted en la niñez; si no puede pensar en nadie que lo haya amado durante los primeros seis años de su vida; si cree que Dios no lo ama; si ha muerto alguna persona cercana a usted, especialmente si tuvo una muerte repentina o trágica; si estuvo en un accidente y vio a alguien herido o muerto.

Usted también puede necesitar oración en los siguientes casos: si el parto fue largo y difícil cuando usted nació, o si nació por medio de instrumentos; si fue colocado en una incubadora durante un período, o su madre no pudo cuidarlo ni estar con usted durante varios días después de su nacimiento, si usted nació fuera del matrimonio, o no querían que naciera; o si sus padres querían que usted fuera del sexo opuesto. (Los hijos adoptivos, aunque generalmente son muy amados, a menudo necesitan sanidad por haber sido rechazados por sus padres naturales, o porque sienten que lo han sido.)

Si su madre murió al darlo a luz, o uno de sus padres murió durante sus primeros años de vida, o sus padres se separaron cuando usted era niño, o si tuvo un padre alcohólico, o si su padre tuvo que ir a la guerra o tenía que salir en viaje de negocios, y estaba ausente durante largos períodos, o usted tuvo que mudarse de un país a otro durante sus años de formación, bien pudiera usted necesitar oración para la sanidad de su alma.

Otras preguntas que pueden ayudar

Hay otras preguntas que pueden ayudar, entre las cuales se pueden incluir las siguientes: "¿Quién fue la primera persona que usted sintió que lo amaba de veras?" Es importante contestar esta pregunta con sinceridad; no dar la respuesta que usted piensa que debe dar. Si usted admite: "Yo no me sentí amado ni por mi padre ni por mi madre," ya sabe que tiene heridas que se remontan al mismo comienzo de su vida.

Otra pregunta clave: "¿Tuvo usted un mundo de fantasía en su niñez, y aún se escapa de vez en cuando hacia él?" Si lo tuvo y lo tiene, sabe que tuvo profundas heridas de las cuales necesitaba escapar, y que aún siente esas heridas. De paso, le ayudará mucho hablar acerca de su mundo secreto con alguien a quien conozca y en quien confíe; esto puede ayudar mucho para entender y revelar posteriormente los problemas.

Otras preguntas: "¿Cuál es el primer recuerdo doloroso que usted tiene?" "¿Estaba usted satisfecho consigo mismo cuando era niño?" "¿Tuvo usted una niñez feliz?" "Según lo que recuerda, ¿cuándo se sintió feliz por primera vez?" "¿Le dijo alguien que usted era egoísta?" (A menudo, el niño egoísta está simplemente demasiado herido para poder crecer. Cuando nadie más parece preocuparse de uno, la reacción es preocuparse de sí mismo para poder sobrevivir.)

Llene los espacios que aparecen en blanco:

La imagen que mi padre me dio de mí mismo fue la

de ....

....

La imagen que mi madre me dio de mí mismo fue
la de ....

....

Lo siguiente es sumamente decisivo: "Si usted
hubiera podido tomar la decisión, ¿se hubiera decidido a nacer?" Si usted contesta negativamente, eso
revela un profundo rechazo de sí mismo, de la vida en
general, y también de Dios, quien lo creó todo.
"¿Hubiera querido usted nacer en un mundo solamente masculino? ¿O en un mundo solamente feme-
nino?" Si usted contesta afirmativamente a cualquiera
de estas dos preguntas, eso indica un profundo
rechazo por el sexo opuesto o de su propio sexo.

La manera como usted conteste estas preguntas
indicará si hay aspectos de su alma en los cuales
necesita que Jesús entre. Estas preguntas no se hacen
para realizar alguna clase de psicoanálisis o de terapia
psicológica, sino con el fin de hallar las necesidades
para que usted pueda pedirle al Señor que lo sane.
Tan pronto como usted comience, el Espíritu Santo lo
guiará de una cosa a la siguiente en el orden que Él
elija.

Cuando se descubren las causas que son raíces de
los problemas, también se pueden descubrir los
problemas que se conectan unos con otros, como
ramas de árbol.

La preparación para la oración

El primer paso, entonces, es que usted comprenda
su necesidad y quiera ser sanado. En una reunión que
se realizó en el sur de California, dos señoras acu-
dieron a Rita. Mary tenía necesidades familiares, y

Maxine venía con ella para ayudarla. Rita le dijo a Mary:

— Lo mejor que usted puede hacer para ayudar a su familia es sanarse de sus recuerdos y experiencias dolorosas. Cuando eso ocurra, Dios podrá abrir puertas para ayudar a los miembros de su familia. Y usted — le dijo a Maxine — puede ayudar a Mary en la oración, y ella a su vez puede orar por usted.

Maxine la miró con la desazón pintada en su linda cara, y respondió:

— ¡Ah! pero yo no puedo orar con Mary, yo no oro en alta voz.

— ¿Qué pudo haberle causado en su niñez esa dificultad para expresarse? — le preguntó Rita.

— Nunca había visto ninguna conexión en esto — respondió reflexivamente —, pero tal vez se debe a que cuando niña yo tenía problemas en el habla.

— En este sentido — le preguntó Rita —, ¿cuál es la escena más dolorosa que usted recuerda?

— Cuando yo tenía seis años de edad — recordó Maxine —, mi hermano mayor y yo estábamos de pie en un muelle. El me pidió que dijera una frase sobre el muelle. Lo hice, y el sonido me salió como si fuera una palabra obscena. El se rió y se rió a más no poder. Yo me sentí humillada.

— ¿Sabe, Maxine? Jesús estaba con usted en aquel muelle. El es el perfecto amor. Sintió el dolor cuando usted lo sintió — continuó Rita —. Trate de representarse la escena original con los ojos de su mente, pero esta vez, vea a Jesús allí a su lado.

—Sí — dijo Maxine con los ojos cerrados —, sí lo veo. El está al final del muelle, y yo estoy en el centro, con mi vestido amarillo.

— ¿Qué está haciendo Jesús al final del muelle? — le preguntó Rita.

— Bueno, tiene sus brazos extendidos hacia mí y

me dice: "Quiero que todos los niños vengan a mí"; y yo voy hacia El. Ahora me tiene en sus brazos. Mi hermano se está uniendo a nosotros, y Jesús lo está perdonando. Le ha echado el brazo por encima.

Maxine comenzó a llorar. Cuando cesaron las lágrimas, Rita le ayudó a orar, expresando perdón para su hermano. Fue sanada, y lo supo.

Maxine no tenía ninguna idea de que ella necesitara sanidad hasta que Dios se lo reveló de una manera sobrenatural. La lista de preguntas que hemos puesto en este capítulo puede ayudar, pero el Espíritu Santo, por medio de los dones de ciencia y sabiduría, puede llegar directamente a la raíz de las cosas con gran rapidez. Tan pronto como Maxine vio su necesidad, también quiso sanidad, y la recibió. Pocos meses después nos escribió para decirnos que tiene una creciente confianza en su capacidad para orar en alta voz a favor de otras personas.

Este ejemplo muestra cuán sencilla puede ser la oración para la sanidad del alma, pero al mismo tiempo cuán profunda, como son todas las cosas de Dios. Maxine necesitaba sanidad porque alguien se había reído de ella y la había humillado, y la recibió. Maxine y Mary decían que tenían la intención de continuar orando posteriormente, ahora que habían entendido el principio.

Las personas que citamos al principio de este capítulo: el joven de negocios y su esposa, la joven que no se aceptaba a sí misma, el hombre que quería el castigo de su esposa, la niña que se escapó y se metió en dificultades peores: Carl, Alice, Joe, John, Maxine, Shirley y Mary y miles más, están recibiendo sanidad en su vidas y sus recuerdos. Cuanto más oramos, tanto más comprendemos que no hay nada demasiado difícil para Dios.

Si usted descubre que las bendiciones de Dios se

alejan de su vida, o si se enfrenta a problemas que lo desconciertan, y que tienen que ver con sus sentimientos y actitudes y los de otras personas que lo rodean, o si siente que claramente usted no se está moviendo tan gozosamente en el Espíritu Santo como le gustaría, esta pudiera ser su respuesta. ¿Por qué no permite que Jesús sane su alma?

21

Lo que usted puede hacer

Después de que usted haya reconocido que tiene una necesidad, ¿qué debe hacer al respecto? Pídale a Jesús que sane su alma, en la misma forma en que le pediría que sanara su cuerpo, y en la misma forma en que sanó su espíritu cuando vino a morar en usted. De hecho, una de las razones por las cuales sólo recientemente ha atraído tanto la atención la sanidad del alma en el mundo cristiano, no es porque sea un asunto nuevo, sino porque no hemos hecho la distinción entre alma y espíritu. Por tanto, no comprendíamos que el alma podía necesitar sanidad aún, aunque el espíritu hubiera llegado a la nueva vida en Cristo.

No estamos hablando de "psiquiatría barata". Si usted ora con alguien y le pide a Jesús que le sane su alma, no está practicando psiquiatría, así como no estaría practicando medicina, si le pide a Jesús que sane su cuerpo. Usted puede pedir para sí mismo la sanidad del alma, así como puede pedir para sí mismo la sanidad del cuerpo; pero en ambos casos es una ayuda tener personas compasivas que oren con usted, y permitan que el flujo sanador de Dios pase a través de ellas hacia usted.[1]

Simplemente, ¿cómo proceder en estos casos? Probablemente usted conozca bien el plan de la salvación: una serie de pasos en orden lógico basados en las Sagradas Escrituras, para llevar a alguien a recibir a Jesús como su Salvador. Nos gustaría ofrecer también un plan para la sanidad del alma, una serie ordenada de pasos basados en las Escrituras, para orientarlo sobre cómo permitir que Jesús sane las heridas de su vida.

Primer paso: comparta sus heridas

Hable con amigos dignos de confianza acerca de sus recuerdos dolorosos. Las Escrituras dicen: "Confesaos vuestras ofensas unos a otros, y orad unos por otros, para que seáis sanados" (Santiago 5:16).[2] La expresión "vuestras ofensas" podría ser traducida también como "vuestros fallos". Un fallo es, además de un desliz, en este sentido, un defecto o una lesión, una debilidad, algo que usted no puede evitar, como tener una pierna más corta que la otra. Pudo haberle venido por herencia, por un accidente o por un maltrato; pero usted no se lo causó a sí mismo. Un pecado, en cambio, es algo que usted hace intencionalmente, sabiendo que es malo. Usted toma una decisión al respecto.

Los "fallos" del hombre son como las *grietas* que produce un terremoto. Cada uno de ellos es una grieta en la personalidad que puede producir una verdadera conmoción si no se repara. Los fallos no son pecados, pero pueden conducir al pecado, si no se los atiende. En general, la sanidad del alma no está relacionada con la confesión directa de pecados, aunque si la persona aconsejada piensa que necesita el perdón de Dios, debe ser guiada a recibirlo en conformidad con su propia fe y costumbre. Si la persona por la cual usted está orando no tiene relación con el pastor de alguna iglesia, ni ninguna costumbre en cuanto a confesión, le sugerimos que usted la lleve ante su propio pastor, o que usted le ayude a presentar sus pecados ante Dios, y luego le asegure que ha recibido el perdón de Dios con palabras como las siguientes: "Yo oí que usted le confesó sus pecados a Dios, y le aseguro, basado en la Palabra de Dios, que El lo ha perdonado. La Biblia dice: 'Si confesamos nuestros pecados, él es fiel y justo para perdonar nuestros pecados, y limpiarnos de toda maldad' (1 Juan 1:9)."

En la sanidad del alma, estamos hablando acerca de la sanación de las lesiones o los defectos de la personalidad que han sido causados por experiencias y relaciones pasadas, especialmente en la niñez.

Permita que el Espíritu Santo le indique, o les indique a los que están trabajando con usted, dónde comenzar. La lista de preguntas que dimos en el capítulo anterior es útil. Cuando el Espíritu Santo trae a su mente un suceso que necesita sanidad, represéntese en la mente la escena tan vivamente como pueda. Recuerde todos los detalles, como las otras personas que estaban allí, la ropa que usted usaba, la apariencia que tenía el lugar, etc. Comparta todo lo que pueda con las personas que oran por usted.

Segundo paso: Dios es omnipresente

Después de hecho esto, comprenda que *Jesús estuvo allí con usted.* ¿Cómo lo sabemos? Tanto el Antiguo Testamento como el Nuevo nos enseñan que Dios está presente en todas partes, y se espera que los cristianos deben creer oficialmente esto. El profeta Jeremías dice: "¿Se ocultará alguno, dice Jehová, en escondrijos que yo no lo vea? ¿No lleno yo, dice Jehová, el cielo y la tierra?" (Jeremías 23:24).

"Detrás y delante me rodeaste, y sobre mí pusiste tu mano. Tal conocimiento es demasiado maravilloso para mí; alto es, no lo puedo comprender. ¿A dónde me iré de tu Espíritu? ¿Y a dónde huiré de tu presencia? Si subiere a los cielos, allí estás tú; y si en el Seol hiciere mi estrado, he aquí, allí tú estás. Si tomare las alas del alba y habitare en el extremo del mar, Aun allí me guiará tu mano, y me asirá tu diestra" (Salmo 139:5-10). (Le recomendamos ver también Proverbios 15:3; Hechos 17:27, 28; Hebreos 13:8; Salmos 139:13).

Usted no tene que pedirle a Jesús que *vuelva* con usted al suceso doloroso. Si el Dios trino siempre está presente, entonces Jesús, la segunda Persona de la Trinidad, ha estado con usted en todo momento de su vida, así como está hoy.[3] Pero usted necesita reconocer que El estuvo allí, a fin de que El pueda manifestársele a usted y ayudarle (Juan 14:21b). Jesús no pudo hacer "ningún milagro" en su propio pueblo, porque ellos no reconocieron quién era El. Las Escrituras dicen: "Reconócelo en todos tus caminos, y él enderezará tus veredas" (Proverbios 3:6).

Rita cuenta como ejemplo la siguiente historia:
— Poco después de haber sido yo bautizada con el Espíritu Santo en 1960, se nos pidió a una amiga, Bárbara Service, y a mí, que oráramos por una señora para que recibiera el bautismo del Espíritu. No sabíamos nada con respecto a ella. Fuimos a su hogar, pequeño pero limpio, en Tampa, Florida. Probablemente tendría algo más de cuarenta años.

— Después de darle testimonio de Cristo y orar por ella, con voz llena de asombro y de completa sorpresa, ella describió una visión que estaba experimentando en ese momento. Nos dijo: "¡Ah! Veo a Jesús en el ángulo superior de la habitación" y nos transmitió el mensaje que El le dio. "Tú has estado conmigo todo el tiempo. A través de todas las pruebas has estado conmigo, y yo ni siquiera lo sabía. ¡Jesús, Tú has estado conmigo todo el tiempo!"

— Bárbara y yo nos quedamos asombradas, porque nosotras mismas nunca habíamos tenido una visión, ni habíamos estado con una persona que la hubiera tenido. No sabíamos si mantener nuestros ojos fuertemente cerrados, o abrirlos, ¡o tal vez caer sobre nuestros rostros!

— Finalmente, después de muchas lágrimas de gozo, nuestra amiga nos explicó que su esposo la había abandonado años antes. Como ella no tenía conocimientos de nada, se dedicó a trabajar en labores domésticas durante largas horas a fin de alimentar y vestir a sus hijos. Ahora Jesús le había sanado las heridas del pasado, revelándole que había estado presente a través de todos esos tiempos difíciles.

— No lo comprendí entonces — dice Rita —, pero Dios me estaba mostrando una clave muy importante para la sanidad del alma que El mismo me recordaría un año después: su omnipresencia.

El hecho de reconocer que Jesús ha estado con usted a través de su vida es sanador en sí mismo.[4] Cuando oramos por la sanidad del alma, no sólo nos hacemos la representación mental de que El estuvo allí, sino que reconocemos que estuvo realmente, pues Dios nos da los ojos de la fe para verlo.

Dios le dijo a Moisés: "Mi presencia irá contigo" (Exodo 33:14). El salmista dijo: "Me mostrarás la senda de la vida; en tu presencia hay plenitud de gozo. . ." (Salmo 16:11).

Otro salmo nos recuerda: "Lleguemos ante su presencia con alabanza" (Salmo 95:2a). Y otro: "Entrad por sus puertas (presencia) con acción de gracias" (Salmo 100:4a).

No compare la intensidad con que tiene conciencia de la presencia de Dios en su vida, con la que tienen otros. Las sensaciones como el entusiasmo, la "carne de gallina celestial" (como la llama el doctor Bill Reed), las lágrimas, el gozo, la paz, y hasta las visiones, son respuestas individuales. Los que tienen dificultad para sentir la presencia de Dios, serán sanados tan ciertamente como cualquiera, al rendirle su voluntad a Dios.

Las Escrituras enseñan que Dios está presente en todo tiempo. Si aceptamos a Jesús y la libertad de su Espíritu, entonces, al ser sanada nuestra alma, estaremos más conscientes de su presencia.

Tercer paso: Dios es un amor perfectamente incondicional

Jesús oró antes de su muerte: "Para que el amor con que me has amado esté en ellos, y yo en ellos" (Juan 17:26b). "Como el Padre me ha amado — dice Jesús —, así también yo os he amado; permaneced en mi amor" (Juan 15:9). Tenemos el mismo amor que Jesús recibió de su Padre. Mora en nosotros ahora, porque Jesús oró antes de su muerte para que esto se cumpliera. ¡En la misma medida en que el Padre lo amó a El, Jesús nos ama a nosotros!

"Mirad cuál amor nos ha dado el Padre, para que seamos llamados hijos de Dios. . ." (1 Juan 3:1a). "En esto hemos conocido el amor, en que él puso su vida por nosotros. . ." (1 Juan 3:16a). ¡Qué honor y qué gozo ser recibidos por Dios como hijos, en su propia familia, en su prole. El amor más grande se ve en que Jesús — perfecto Hombre — entregó su vida para rescatarnos de la muerte eterna.

Jesús no vino para robar, matar ni destruir; al contrario, vino para darnos una vida más abundante (Juan 10:10). Cualquier cosa que tenga olor de muerte y destrucción viene del enemigo, de Satanás. La vida, la salud, la integridad, vienen de nuestro Dios amante.

A menudo, después de enseñar sobre la oración para la sanidad del alma, las personas acostumbran a decir cosas como las siguientes: "Nunca había podido reconocer ni aceptar el amor de Dios mi Padre, pero hoy puedo." "Por primera vez siento que Dios es bueno y que me ama." Dios le dijo a Jeremías y también nos dice a nosotros: "Con amor eterno te he amado; por tanto, te prolongué mi misericordia" (Jeremías 31:3).

El mejor relato en que se ve el amor del Padre hacia nosotros es la parábola del hijo pródigo (Lucas 15:11-24). Notemos allí el amor incondicional del padre. El no le negó el amor; se lo devolvió sin condiciones. Este es el amor que Dios quiere que usted experimente cuando El sane todos los recuerdos paralizantes del pasado, y camine con usted hacia el futuro.

En 1 Corintios 13 se halla el gran capítulo del amor. Lea usted los versículos del 4 al 8 de dicho capítulo, y sustituya las palabras "el amor" por *Dios* (Padre, Hijo y Espíritu Santo). Así comprenderá que Dios tiene todos estos atributos y aun más. "Dios es amor" (1 Juan 4:8).

Dios es amor y es bueno. Muy a menudo los cristianos dan la impresión de que El se dedica a hacerlos sufrir y a quitarles todo deleite. No están seguros de que a Dios le preocupen ellos o sus problemas.

Dios es más amoroso que el padre más magnánimo que jamás haya existido. El no se dedica a condenarnos, sino a hacernos felices y satisfechos en todo sentido (Lucas 11:11-13).

Medite en lo mucho que Jesús lo ama. Sienta ese amor. Sepa que El está con usted ahora mismo. Cuando usted se sienta seguro en la amorosa presencia de Jesús, estará en condiciones de orar con respecto a cualquier situación.

Cuarto paso: Ver a Jesús y lo que El hace, por fe

Entonces, por fe, hay que ver a Jesús en la escena. Podrá estar vestido con la ropa del trabajo diario o con vestiduras bíblicas. Quizá vea sólo una silueta, o sólo sus ojos o sus manos. Algunos no pueden representárselo mentalmente de ningún modo, pero pueden sentir su presencia, o ver una luz y saber que viene de El.

Ahora, vuelva usted a repasar esa dolorosa experiencia. ¡Cuán diferente es ahora, porque usted sabe que Jesús está allí, sustentándolo con su amor! Dígale cómo se siente usted, cuánto dolor interno tiene. El será para usted lo que usted más necesita.

Cuando vea a Jesús en la situación pasada, permita que otras cosas le lleguen a la mente: cuánto lo ama Jesús a usted, y también a los demás, la razón de la conducta de las personas que le hicieron mal, y los aspectos buenos de esas personas. Vea cuántos incidentes se apilan unos sobre otros para hacer que las heridas sean más profundas, y ore por una cosa, y luego por la otra, según lo dirija el Espíritu.

Diga a los que están orando con usted lo que está viendo. Así participa activamente y coopera en su sanidad. El Espíritu Santo le dará discernimiento y le mostrará lo que Jesús está haciendo. El también les puede indicar a las personas que están orando por usted cosas que le ayudarán grandemente.

Un poco antes de la Pascua, algunos griegos que habían llegado para adorar en la fiesta dijeron al discípulo llamado Felipe: "Señor, quisiéramos ver a Jesús" (Juan 12:21). El era el único a quien ellos querían ver; no valía la pena ver a ningún otro. En aquel tiempo ellos podían ver a Jesús físicamente; pero ahora, lo vemos por fe (2 Corintios 6:16).

Así que uno de los temas principales en la oración

para la sanidad del alma es: "Quisiéramos ver a Jesús." Al ver a Jesús en toda situación, viene la sanidad. No importan las heridas que hayamos recibido. Cuando Jesús está allí, ya no duelen como antes. Podemos entrar en cualquier situación, de cualquier tiempo, sabiendo que Jesús está allí con nosotros. Hay un himno muy conocido que dice:

> "Fija tus ojos en Cristo,
> Tan lleno de gracia y amor,
> Y lo terrenal sin valor será
> A la luz del glorioso Jesús".

Después de que Jesús resucitó, caminó hacia Emaús con un par de discípulos cabizbajos que no lo reconocieron. Se les acercó a fin de que compartieran con El sus aflicciones. Jesús los animó al explicarles las Escrituras, y al decirles cómo, desde el Génesis hasta Malaquías, ellas decían que "era necesario que el Cristo padeciera estas cosas, y entrara en su gloria". Después procedió a declararles "en todas las Escrituras lo que de él decían". Cuando ellos habían leído u oído las Escrituras, Jesús había estado allí, en el Libro, pero ellos no lo habían visto. Ahora, cuando El les abrió las Escrituras, sus corazones ardían en ellos, pues veían a Jesús en todas ellas (Lucas 24:13-45).[5]

Estábamos hablando acerca de esta historia en una clase para consejeros, cuando el Señor le dio a Helen Lucas, una de las personas presente, el siguiente discernimiento: — Eso es lo que pasa con nuestras vidas — dijo ella —. Son como el Antiguo Testamento. No podemos ver a Jesús en ellas; sin embargo, ¡El ha estado allí todo el tiempo! Ahora estamos permitiendo que el mismo Jesús nos muestre que El estaba allí, y al verlo a El y permitir que nos hable, somos sanados. — Una vez más, lo viejo se hace nuevo.

Es como si Dios estuviera haciendo una nueva

película con la escena original. Los sucesos son básicamente los mismos, pero la trama es diferente. Dios no cambia la historia real, pero cambia la historia del corazón. Cambia los sentimientos de usted con respecto al recuerdo de aquel suceso. Las investigaciones han demostrado que en el depósito de nuestra subconsciencia no sólo grabamos lo que ocurrió realmente, sino también lo que sentimos acerca de lo ocurrido y la manera en que lo interpretamos. Esto es lo que Jesús altera y sana. El antiguo recuerdo pierde su fuerza dañina. Sus emociones son cambiadas, y sus recuerdos transformados por el Señor resucitado. Las Escrituras dicen: "Vence con el bien el mal" (Romanos 12:21). Eso es lo que hace el Señor en la sanidad del alma.

Una amiga, Janet Biggart, describe la sanidad del alma de la siguiente manera: "Cuando vemos el pasado, y le pedimos a Dios que lo sane, es como si hubiera dos cuadros diferentes: el antiguo cuadro lleno de dolor está en el mundo caído, donde no se ve a Dios, ni se lo reconoce; en el nuevo cuadro sanado, vemos a Jesús, y al mundo tal como a El le gustaría que fuera: su mundo restaurado."

Así que con los griegos decimos: "Señor, quisiéramos ver a Jesús." Mejor aún: "Señor, *queremos* ver a Jesús."

Quinto paso: Oír lo que Jesús les dice a usted y a los demás

La oración para la sanidad del alma es un ejercicio para llegar a saber lo que Dios le dice a usted. (Por lo general, esto se refiere a un conocimiento interno, profundo, y no a oír una voz). Leemos en las Escrituras: "Mis ovejas oyen mi voz, y yo las conozco, y me siguen" (Juan 10:27). Pero a menudo nos parece difícil creer que podamos conocer u oír la voz de nuestro Señor. Jesús repite: "Todo aquel que es de la verdad, oye mi voz" (Juan 18:37b).

Parece extraño que el pueblo de Dios en el Antiguo Testamento oyera tan clara y fácilmente a Dios, en tanto que nosotros apenas esperamos oírlo hoy. Ellos tenían a Dios con ellos, pero Él no estaba unido a ellos permanentemente, como está hoy con nosotros a través de Jesús y del Espíritu Santo. Sin embargo, ellos oían a Dios, y nosotros rara vez esperamos oírlo.

Algunos dicen que, puesto que tenemos las Escrituras, no necesitamos oír a Dios en ninguna otra forma. Las Escrituras son nuestra guía para evaluar lo que oímos, para saber si en realidad procede de Dios; sin embargo, Dios no siempre cita las Escrituras cada vez que nos habla. En la oración para la sanidad del alma, algunas veces Jesús nos habla directamente por medio de las Escrituras. Otras veces habla personalmente. Lo que Dios dice, por supuesto, nunca contradice las Escrituras.

Cuando hemos estado tratando de perdonar a todos y de mantener los ojos en Jesús, tenemos la puerta más abierta y somos más receptivos para oír algo del Señor. Esperamos que guíe y dirija nuestros pensamientos e ideas, lo que vemos y lo que oímos. Estamos dispuestos a recibir sus palabras con una fe infantil.

Así como es de esperar que los oyentes verifiquen y evalúen los dones vocales del Espíritu, como la profecía, debe suceder otro tanto con esto de oír al Señor. La apertura para oír al Señor crece con la experiencia. Esa es la razón por la cual es bueno que varios oren juntos, para verificar las cosas y mantener el equilibrio. Así como en los ministerios de profecía, de interpretación y de ciencia puede haber un setenta por ciento del Espíritu Santo y un treinta por ciento de las propias ideas de la persona, así puede ocurrir con esto de oír al Señor. Las palabras tal vez no sean totalmente exactas, pero el tema general sí lo será, y Dios lo usará.

La posibilidad de oír a Dios nos da una nueva perspectiva. Ya no quedamos limitados a nuestro propio concepto subjetivo de las cosas. Podemos comenzar a ver las situaciones desde el punto de vista de Jesús. ¡Cuando vemos a través de los ojos de Jesús, nuestra visión mejora inmensamente!

Sexto paso: Decir lo que ve y oye

Cuando usted oró para recibir el bautismo en el Espíritu Santo, confió en Dios, abrió su boca y comenzó a hablar con fe, y así le vino la oración en lenguas. Del mismo modo, si usted ha experimentado el don de la profecía, ya sabe que hay que estar dispuestos a decir lo que el Espíritu Santo nos da.

Decir por fe lo que ve que Jesús está haciendo y oye que está diciendo son cosas similares. Al principio puede ser algo difícil, pero aumentará su confianza cuando reciba confirmación y sanidad. Tal como sucede en la profecía, usted expresará lo que el Espíritu Santo lo guíe a expresar.

La palabra hablada tiene poder. Las Escrituras dicen: "Con la boca se confiesa para salvación." Cuando usted expresa lo que Dios le muestra, eso mismo se imprime más profundamente en su alma. Los demás también podrán regocijarse cuando se les permita penetrar en las cosas especiales que Dios está haciendo dentro de usted.

Séptimo paso: Perdonar y expresar el perdón

Jesús dijo: "Y cuando estéis orando, perdonad, si tenéis algo contra alguno, para que también vuestro

Padre que está en los cielos os perdone a vosotros vuestras ofensas" (Marcos 11:25). Dios no dice aquí: "Pedid perdón de lo malo que hayáis hecho;" sino "Perdonad a otros lo que os hayan hecho."

Si usted no perdona a otros, Dios no puede librarlo del efecto de sus propios pecados. Este es un principio básico. Si usted quiere recibir amor, tiene que estar dispuesto a amar; si quiere recibir perdón, tiene que perdonar.

Dios nos ha dicho que perdonemos a los que nos han hecho mal, y si estamos tratando de obedecerle, decidimos: "¡Está bien, los voy a perdonar!" Pero sabemos cuán difícil es, porque si perdonamos, podemos no estar en guardia, y nuestras puertas quedarán abiertas para que se nos vuelva a hacer el mal. Así que nuestro intento de perdonar a menudo termina con esta exhortación: "¡Cuidado la próxima vez!" Cualquier miembro de la familia conoce esta clase de perdón: perdonamos hasta que la persona nos ofende otra vez, y luego recordamos todas las cosas pasadas que nos hizo. En realidad no la habíamos perdonado: ¡sólo habíamos declarado una tregua!

Si la persona por la cual se está orando no ha intentado perdonar a este nivel, si mantiene conscientemente el resentimiento contra los que le han hecho mal, todo el proceso quedará bloqueado. Es necesario comenzar por hacerla perdonar, aunque tal vez no sienta el deseo de hacerlo.

El perdón en el nivel más profundo

Cuando Jesús sana nuestros recuerdos por medio de la oración para sanidad del alma, hace posible que perdonemos de una nueva manera. La herida original queda como si nunca se nos hubiera inferido, y puesto que ya no nos duele la herida, no tememos que se nos vuelva a ofender. No tememos perdonar y amar a la persona que nos hizo el mal. Somos libres para verla a través de los ojos de Dios, y con la compasión de Dios.

Cuando usted pueda perdonar a alguien libre y plenamente porque Jesús lo ha sanado, quedará liberado de una esclavitud con respecto a esa persona. Cada vez que usted guarde un resentimiento, dejará la puerta abierta para el ataque del enemigo, y se privará a sí mismo de la protección de Dios en ese aspecto. A la inversa, cuando usted perdone verdaderamente, se librará de los ataques y estará en capacidad de recibir la protección y el amor de Dios en el aspecto en que está necesitado.

El perdón en el nivel de las emociones y del subconsciente es la cumbre de la sanidad. Esto va más allá del asentimiento mental inicial, que es básico y también importante. Es más fácil perdonar en este nivel más profundo después de que hemos sido sanados, porque entonces estamos completamente llenos del amor de Jesús. Este nivel de perdón no es "necesario para la salvación," pero es necesario si usted quiere vivir tan feliz y útilmente como sea posible.

Antes de orar, con frecuencia decimos algo como lo que sigue: —Sé que usted, por ser un cristiano sincero, ha tratado de perdonar a todos, pero ahora queremos que lo haga de una manera un poco diferente; esta vez, desde el lugar mismo en que tuvo lugar la herida original, y ahora ha sucedido la sanidad. —También nos parece útil decirle a la persona —: Recuerde que cuando lo animamos a perdonar, no estamos tolerando la maldad que la otra persona le hizo a usted. A nosotros tampoco nos gusta lo que esa persona hizo, pero estamos ayudándolo a seguir el ejemplo de Jesús en su vida. — El hecho de perdonar no significa que usted tiene que aceptar la ética de otro, ni su moralidad, ni siquiera tiene que hacerse íntimo amigo de él. Pero significa que usted lo ama, porque el perdón genuino siempre se manifiesta con amor.

Cuando usted esté listo para expresar el perdón, véase a sí mismo con la edad que tenía cuando ocurrió el incidente, y hasta donde pueda, hable como si estuviera en esa edad. Si usted tenía ocho años de edad cuando recibió la ofensa, por ejemplo, perdone a las personas que estuvieron envueltas en el suceso como si usted tuviera esa edad. Lo que usted hace con esto en realidad es darle a Jesús una oportunidad para que extienda su infinito perdón hacia las emociones que usted tuvo en tiempos pasados. Ya sea en el pasado o en el presente, Dios anhela ministrarle a cualquiera que perdone en obediencia a su Palabra.

Debe confesar esto con sus labios. Hable en tiempo presente y en primera persona, para que llegue tan cerca de la escena original como le sea posible. Esto parece traer una liberación mayor. En las Escrituras, Jesús no nos da muchos detalles sobre cómo perdonar. Sólo dice que debemos hacerlo. Después nos ofrece toda la asistencia posible para ayudarnos a obedecerle.

Así que, al final de cada reunión, guíe a la persona por la cual está orando, para que exprese su perdón hacia cada persona que haya estado envuelta en la situación. Que les hable a esas personas como si estuviera en el pasado, en el tiempo y el lugar en que sucedió el incidente. Todos los tiempos y los lugares están presentes para Jesús. Así que usted puede decir: "Juan (o Juana), a través de Jesús te perdono por haberme ofendido. Te libero, y no mantendré más este resentimiento contra ti. Estoy sanado, y no quiero ser herido más por este recuerdo. Jesús me ha libertado."[6]

He aquí una lista de personas para que usted compruebe si las ha perdonado. Tal vez necesite perdonar a su cónyuge, a sus hijos, a sus padres (o a los que hagan el papel de tales), a sus abuelos o bisabuelos, a otras personas que tengan autoridad, a sus hermanos, a sus hermanas, a sus primos, a sus vecinos, a sus maestros, a sus pastores, a los oficiales del ejército, a los funcionarios legales, a las instituciones, etc. Y no debe olvidar que debe perdonarse a sí mismo también.

¿Y qué decir de nuestra relación con Dios? Algunas personas se sienten airadas con Dios por un motivo u otro, aunque El no haya hecho nada para merecerlo. Dios nos amó tanto, que le dio el libre albedrío a la humanidad. Y esa es la única "equivocación" de Dios, si usted quiere considerarlo así: habernos amado demasiado. Sin embargo, es necesario admitir que existe esta ira como una realidad, que tan a menudo muchas veces no es más que la desviación de nuestra ira con nuestro propio padre terrenal.

Resumen

¿Ha oído usted a algunas personas decir: "Lo pasado, pasado; no se puede cambiar"? No estamos de acuerdo. Dios no sólo puede sanar lo que ocurre en el presente, sino también lo que ocurrió en el pasado.

Todas las cosas que están depositadas en su cerebro pueden volverse a tocar en el presente; Dios puede volverlas a tocar por medio de la oración; pero esta vez sabemos que El está presente junto a nosotros.

No estamos sosteniendo que debamos vivir en el pasado. Creemos que debemos vivir en el presente, con la esperanza puesta en el futuro. Hemos descubierto, sin embargo, que es cierto que, si lo que nos ocurrió en el pasado no es sanado, ¡viviremos más en el pasado que en el presente! Cuando usted permita que Jesús sane sus heridas pasadas, cada vez comprenderá más que El está con usted en toda situación presente y puede sanarlo de inmediato, manteniéndolo libre para amarlo y disfrutar de El, y también para amar a otras personas y disfrutar de su compañía. De esta forma, la sanidad del alma se convierte en un andar diario con Jesús, lo que el hermano Lawrence llamaba la "práctica de la presencia de Dios".

Si usted camina a diario en la práctica de la presencia de Jesús, podrá recibir la sanidad en el momento y el lugar en que la necesite. Esta debe ser nuestra meta. Usted puede practicar la presencia sanadora de Jesús tanto en el presente como en el pasado. La sanidad del alma es entonces, un proceso continuo.

El doctor Robert Frost dice: "El Señor quiere, no sólo perdonar nuestro pasado, ¡sino también sanarlo! Además, el pasado también tiene que ser redimido debido al glorioso plan que tiene Dios para el futuro de nuestra vida. Los errores pasados, los fracasos y aun las tragedias forman parte de 'todas las cosas' que Dios prometió que nos ayudarían a bien, si continuamos amándolo y nos entregamos a sus planes continuos sobre nuestra vida." El verdadero fruto de la sanidad del alma se ve cuando puedo mirar retrospectivamente hacia las cosas duras que me han sucedido en la vida, y siento gratitud en mi corazón porque veo cómo Dios puede cambiarlas y las ha cambiado en bien (Romanos 8:28).

También hay otros motivos para la sanidad del alma: Sanar al Cuerpo de Cristo en la tierra para que puedan fluir a través de nuestra vida el fruto y los dones del Espíritu sin impedimento, y sanar al mundo. La sanidad del alma sirve para mantener restaurada nuestra relación con Dios y con el hombre. Es estar en la obra que Dios nos ha llamado a hacer, y de la cual a menudo nos hemos apartado. Nuestro propósito es ser sanados de tal manera que podamos quitar los ojos de nosotros mismos y dedicarnos eficazmente a los negocios de nuestro Padre.

---

[1]En la sanidad del alma, si es posible, nos gusta tener la ayuda de dos personas en la oración, pues esto da más oportunidad para que el Espíritu Santo administre sus dones. Nuestro Señor estableció el patrón "de dos en dos" (Lucas 10:1), y nosotros hemos experimentado la sabiduría que tuvo al hacerlo así. En general, es mejor que las mujeres oren por las mujeres y los hombres por los hombres. Esta no es una norma absoluta, pero obviamente no sería oportuno que un hombre orara por una mujer, a menos que sea de su propia familia, sin que esté presente otra mujer. Los matrimonios pueden resultar muy eficaces cuando oran unidos, ya sea el uno por el otro, o como equipo para orar por otros. Uno de los principales requisitos para cualquiera que desee ayudar en este sentido es el de guardar en secreto las confidencias que se le hagan. Los dos consejeros pueden comentar entre sí lo que se les haya dicho, pero en ninguna circunstancia se lo deben decir a ninguna otra persona, sin que la persona por la cual se ora les haya concedido claramente el permiso.

[2]Es interesante notar que las versiones griegas difieren en este caso. Algunas usan la palabra *paráptoma*, en vez de *hamartía*, que es la que generalmente se usa en el Nuevo Testamento para hacer referencia al pecado. Puesto que *paráptoma* se puede traducir como "desliz, desviación, error (no intencional)", se podría usar la palabra "fallos".

[3]No estamos tratando de negar la idea de la "sanación de los recuerdos", en que la persona le pide a Jesús que vuelva para sanar las heridas del pasado. Por otra parte, algunas personas se han resistido a este enfoque, porque piensan que le están diciendo al Señor lo que debe hacer. Hallamos que es muy útil recordarles a las personas que "Jesús estaba presente todo el tiempo". El Señor nos ha guiado a enseñarlo así, y esto tiene buen apoyo en las Escrituras.

[4]Cuando decimos que Dios estaba presente todo el tiempo, no queremos insinuar que estaba allí, inmóvil, consintiendo el mal. El mal vino al mundo por la decisión que tomó el hombre de desobedecer a Dios. Puesto que Dios nos dio libre albedrío, sólo puede cambiar las cosas en nuestras vidas si se lo permitimos. "Y no hizo allí muchos milagros (en su propio pueblo), a causa de la incredulidad de ellos" (Mateo 13:58).

[5]Jesús también fue reconocido al partir el pan en la cena. La Cena del Señor es maravillosa como continuación de la oración para la sanidad del alma. Por medio de ella deben abrirse nuestros ojos para ver a Jesús más claramente.

[6]Los científicos que estudian la mente dicen que todo lo que nos haya ocurrido alguna vez está registrado en la memoria, incluso lo que sentimos al respecto. En la sanidad del alma, el Espíritu Santo se remonta a través de la grabación de esas experiencias. El cambia los sentimientos y quita las

cicatrices, cuando volvemos a vivir las mismas escenas con Jesús.

Aquí no estamos proponiendo ninguna clase de telepatía ni de comunicación con los muertos (en caso de que alguna persona que haya participado en el suceso ya no esté en esta vida). El perdón se ofrece como si fuera en el pasado, y a las personas que estuvieron allí en ese momento. Esto sólo puede hacerse a través de Jesús, porque todo el tiempo es presente para El.

22

¿Qué decir de la liberación?

¿Dónde se puede colocar la *liberación* dentro de este cuadro? ¿Puede suceder que una persona que ha aceptado a Jesús como su Salvador y ha nacido de nuevo por el Espíritu Santo, tenga aún malos espíritus viviendo en ella y deban ser echados fuera? Algunos dicen: "No, eso es imposible. ¿Cómo pueden Dios y Satanás ocupar el mismo lugar?" Sin embargo, si usted ora constantemente por personas que estén en necesidad, sabe que los cristianos algunas veces dan evidencias de haber permitido que les penetren algunas fuerzas demoníacas, y responden a la oración de liberación.

El estudio de la "trinidad del hombre" explica unos puntos de vista que han parecido contradictorios. No, un cristiano no puede tener un demonio en su *espíritu*, pero si es suficientemente necio y permite que los poderes satánicos entren en él, puede dar acceso temporal a los espíritus demoníacos en su *alma*. Sólo el incrédulo puede tener al enemigo viviendo en su espíritu, alma y cuerpo, lo cual sería verdadera *posesión*. (Ver el caso del endemoniado gadareno en Marcos 5:1-20).

Cuando los cristianos necesitan liberación de las fuerzas satánicas, comprendemos que el problema sólo está en su alma y su cuerpo, y que Jesús está aún en el espíritu renovado. Según la naturaleza del problema, nosotros lo llamaríamos opresión, obsesión, depresión o posesión temporal del alma. El único terreno que el enemigo puede reclamar en el cristiano es el que éste imprudentemente le haya dado.

Algunos que tienen el ministerio de la sanidad del alma dicen que se debe comenzar por dicha sanidad antes de orar por liberación. Otros dicen que la liberación, que consiste reclamarle a Satanás lo que le pertenece a uno, debe preceder normalmente a la sanidad del alma. Jesús, en su ministerio terrenal, parece que manejaba la situación tal como la hallaba. Nosotros también oramos por sanidad del alma y liberación sin un orden establecido, según nos lo dé a entender el Espíritu Santo.

Algunas veces, Jesús echaba primero los espíritus; otras veces sanaba primero. En Mateo 10:8, les dijo a sus seguidores: "Sanad enfermos, limpiad leprosos, resucitad muertos, echad fuera demonios. . ." En Lucas 9:1 leemos: "Les dio poder y autoridad sobre todos los demonios, y para sanar enfermedades." En Mateo 8:16, Jesús "echó fuera a los demonios, y sanó a todos los enfermos"; pero con frecuencia lo hallamos sanando a los enfermos sin ninguna relación directa con la liberación de demonios.

Las dos cosas están entretejidas. Si una persona tiene en el alma una herida que necesita sanidad, y ha permitido que esa herida afecte su conducta, es muy probable que un espíritu malo se las haya arreglado para agravar la situación. Tomemos por ejemplo a un hombre que tenga un temperamento tan violento que pierda el control de sí mismo. Es casi cierto que el mal genio tenga su raíz en alguna debilidad del alma causada por heridas del pasado.

La persona no es responsable por tener un defecto

en su naturaleza, pero eso no lo hace menos peligroso, como sucede con una enfermedad hereditaria que no haya sido causada por sus malos hábitos de vida. Sin embargo, si la persona se deja llevar una y otra vez de su mal carácter, y le permite que lo domine, además del pecado que significa esta actitud, es muy probable que un espíritu de ira invada su alma, y entonces este espíritu deberá ser echado. Cada vez que usted halle una situación que la persona diga que es incontrolable, o compulsiva, es muy posible que haya necesidad de liberación, además del arrepentimiento.

Cómo orar por liberación

¿Cómo trata usted el problema de las fuerzas extrañas en el alma? ¡Bueno, es mejor que no sea *usted* quien se enfrente a él! Más bien, guíe a la persona para que lo haga por su propia cuenta, mientras usted la respalda y se mantiene de acuerdo con ella. Es muy sencillo. Mientras reclaman la protección y el poder de la sangre de Jesús, haga que la persona mencione aquello que le está causando la aflicción, que lo ate y le ordene salir en el nombre de Jesús. Por ejemplo, si el problema parece ser una ira incontrolable, la persona debe decir algo como lo que sigue: "Espíritu de ira, te ato y te echo fuera en el nombre de Jesús, amparado en su preciosa sangre. Amén". A los espíritus malos se les puede dar nombre a menudo de acuerdo con los resultados que producen. Después de esto, el consejero debe colocar las manos sobre la cabeza de la persona y orar: "Señor, llena a este hijo tuyo (o hija) con tu Santo Espíritu en todo aspecto de su vida".[1]

El doctor Bob Ervin y su esposa, Lucy, un matrimonio que sirve al Señor conjuntamente, hallaron un pasaje bíblico que les gusta, puesto que se refiere a la vez a la liberación y a la sanidad del alma: "Jehová Dios nuestro, otros señores fuera de ti se han enseñoreado de nosotros; pero en ti solamente nos acordaremos de tu nombre. Muertos son *(los demonios echados fuera son como muertos para nosotros, y ya no tienen control alguno)*, no vivirán *(sus obras se detendrán)*; han fallecido, no resucitarán; porque los castigaste, y destruiste y deshiciste todo su recuerdo (la sanación de los recuerdos a donde se había permitido que entraran los espíritus demoníacos)" (Isaías 26:13, 14, los paréntesis son de los autores). Este pasaje bíblico nos indica que la sanidad del alma se puede llevar a cabo en estos casos por medio de las oraciones para pedir liberación de los malos espíritus, cuando tales oraciones se manejan adecuadamente.

La liberación no es suficiente

Se ha dicho y hecho mucho con respecto a esta liberación en tiempos recientes. Algunos se han "especializado" en ella en exceso, y enseñan que la mayoría de los problemas de la vida humana pueden resolverse mediante el acto de echar fuera los malos espíritus. Sin embargo, no hay duda de que tal actividad parece ayudar ciertamente. Cuenta Dennis que un joven entró en su oficina un día.

— Estoy lleno de temor — le dijo —, y no sé qué hacer.

— ¿Recuerda usted alguna cosa que le haya sucedido en la vida, especialmente en la niñez, que pudiera explicar ese temor? — le preguntó Dennis —. Por ejemplo, que lo haya atacado un perro cuando era muy pequeño. Tal vez ni siquiera lo recuerde.

El joven comenzó a reírse.

— Es divertido — respondió —. Me mordió un

perro cuando sólo tenía ocho meses de edad. No lo recuerdo; fueron mis padres los que me lo dijeron.

— Oramos — dice Dennis —, y echamos fuera el espíritu de temor que una vez había entrado en la vida de este hombre a través de aquel suceso de la infancia que no podía recordar. El temor que se había estado infiltrando en su vida desapareció, y él siguió su camino regocijándose.

¡Bello! Pero sólo hay un problema en todo esto. Muy frecuentemente, los espíritus que han sido echados fuera vuelven. No siempre la persona permanece libre. ¿Por qué no?

La respuesta es sumamente sencilla. Si usted ora por una persona para que sea liberada de los malos espíritus, pero no sigue adelante a la sanación del alma, usted está tratando los síntomas, pero no está llegando a la raíz del problema. Los espíritus enemigos pueden seguir su obra sucia porque pueden esconderse en aquellas reconditeces del alma que han estado cerradas para Dios por las heridas. La oración por liberación necesita estar combinada con la oración por la sanidad del alma para dar resultados duraderos. "La verdad os hará libres", y os mantendrá libres.

Así que las oraciones por liberación trabajan en cooperación con la sanidad del alma. Si se le explica la trinidad del hombre a la persona, no le tendrá miedo a la oración por liberación. Comprenderá que no está poseída por espíritus demoníacos, sino que Dios está viviendo en ella para darle el poder de echar fuera el mal (Santiago 4:7). Este tipo de liberación a menudo ocurre espontáneamente durante la oración para la sanidad del alma. En la medida en que la persona vaya recibiendo de Jesús más sanidad del alma, necesitará cada vez menos oración por la liberación.

Resistir al enemigo

La enseñanza exagerada sobre la liberación estimuló a muchos para que pensaran que todas sus aflicciones podrían ser curadas con el procedimiento de echar fuera a los malos espíritus. "¿Tiene usted dificultades con la pereza? ¡Eche fuera los espíritus de la pereza, y se sentirá bien! No tiene que disciplinarse para levantarse a tiempo por la mañana, porque tan pronto como el espíritu malo se vaya, ¡simplemente hallará que salta con ansias de saludar el nuevo día!" Hay una expresión tan vieja como Eva: "La serpiente me engañó." Si yo pudiera deshacerme del diablo, sería perfecto: el del problema no soy yo.

Un pastor amigo nuestro nos cuenta acerca de un buen evangelista campesino chapado a la antigua que se enredó en este método excesivamente simplificado. Se le presentaba una mujer quejándose de "nerviosismo". "¡Alabado sea el Señor! — gritaba él mientras le ponía las manos encima — ¡Yo echo fuera todos los nervios de tu cuerpo!

Pero mejor que no nos riéramos mucho de nuestro amigo, pues pudiéramos cometer el mismo error con respecto a la sanidad del alma. Alguien podría decir: — No necesito hacer ningún esfuerzo especial. Todos mis problemas han sido resueltos por la "sanidad interna". No. Ese error es peligroso. El enemigo siempre está presionando para malograr nuestros planes, y siempre lo hará mientras vivamos en este tenebroso mundo. Después de la oración por liberación y de la oración por sanidad del alma, aún necesitamos continuar resistiendo al enemigo. En cuanto somos sanados, se hace más fácil.

En 2 Corintios 10:4, 5 se nos enseña el principio cristiano de resistir los ataques del enemigo contra nuestra mente y nuestra alma. Todo cristiano debe estar enterado sobre cómo se hace esto. Esto es lo que dice la Palabra de Dios: "Porque las armas de nuestra milicia no son carnales, sino poderosas en Dios para la destrucción de fortalezas, derribando argumentos y toda altivez que se levanta contra el conocimiento de Dios, y llevando cautivo todo pensamiento a la obediencia a Cristo."

---

[1]Antes de comenzar a orar por alguna persona para que sea liberada de algún espíritu malo, asegúrese de que esa persona comprenda su triple naturaleza.

23

La importancia del cuerpo

Hemos dedicado mucho tiempo a hablar acerca del alma, porque esta es la parte de nosotros que tiene la mayoría de los problemas, y en la que el enemigo se logra dar sus golpes más fuertes. Pero ahora echemos una mirada a las formas en que el cuerpo influye en la manifestación del Espíritu hacia el exterior.

Su cuerpo no es algo inferior. Dios lo hizo. El lo ama y lo va a glorificar, como glorificó el cuerpo de Jesús. Ni siquiera podemos comenzar a imaginar cómo ha de ser nuestro cuerpo después del día de la resurrección. Leemos en 1 Juan 3:2: "Amados, ahora somos hijos de Dios, y aún no se ha manifestado lo que hemos de ser; pero sabemos que cuando él se manifieste, seremos semejantes a él, porque le veremos tal como él es".

Su cuerpo es el eslabón final entre el Espíritu de Dios que vive en usted y el mundo que lo rodea. Aunque usted logre que se arreglen todos los problemas de su alma, de tal modo que no haya nada que impida que el Espíritu esté allí, si no permite que se mueva a través de su cuerpo, puede impedir aún que el amor y el poder de Dios lleguen al mundo por medio de usted. Por eso Satanás quiere enseñarle: — No permitas que nadie vea el gozo que sientes internamente. No lo expreses. ¡No sería de buen gusto! — El enemigo sabe que, aunque puedan estar ocurriendo toda clase de buenas cosas en su alma y en su espíritu, si usted no expresa ese hecho a través de su cuerpo, no interferirá en la obra sucia que él realiza en el mundo.

El valor de la expresión

Los que trabajan en computadoras hablan acerca de la manera en que están conectadas con el mundo externo las intrincadas actividades y los diversos circuitos integrados que constituyen una máquina computadora.

Lo mismo pasa con las cosas intrincadas y maravillosas que ocurren dentro de usted. El cuerpo representa el circuito para la información de salida. Si no hay conexión entre los trabajos internos de la computadora y el mundo externo, si no hay lectura de ninguna clase, los datos estarán allí, procesados, pero no le harán ningún bien a nadie que esté afuera.

Cambiemos la imagen. El cuerpo es como las ruedas del auto. El motor puede estar en magníficas condiciones, el embrague y la transmisión pueden estar buenos y el diferencial, trabajando bien, pero si no hay ruedas, o si éstas están elevadas con un gato mecánico de tal modo que no toquen el suelo, el auto no se mueve.

La realidad de que tenemos un cuerpo constituye parte de nuestra condición de humanos. Por esa razón la resurrección es sumamente importante. Si usted ha recibido a Jesús por fe como su Salvador personal, entonces, cuando muera (a menos que usted esté en la tierra aún cuando Jesús vuelva (por su Iglesia), su cuerpo se quedará en la tierra, pero su alma y su espíritu irán a estar con el Señor. Pero usted no estará realmente completo hasta que su cuerpo sea resucitado y glorificado y le sea devuelto a usted.

Ahora mismo, si usted quiere que el Espíritu de Dios lo llene y fluya en usted, tiene que estar dispuesto a responder tanto con su cuerpo como con su espíritu y su alma. Esta es la razón por la cual las personas en la adoración "llenas del Espíritu" necesitan estar cantando y hablando, y algunas veces (cuando el lugar y la ocasión son apropiados) necesitan batir las manos y danzar. Cuando Pablo dice: "hágase todo decentemente y con orden", no quiere decir que el culto siempre debe ser silencioso y reservado. Quiere decir que debe estar de acuerdo con las circunstancias.

David du Plessis explica lo que esto significa cuando señala que un hombre se porta de una manera cuando está jugando con sus hijos, y de otra cuando hay visitantes en la casa. Hay un tiempo y un lugar para cada cosa. Ningún cristiano debe portarse jamás de tal modo que se piense que está loco. Nadie debe quedar desconcertado o aterrado por nuestra conducta: es un requisito del amor y de la cortesía. Por otra parte, debemos estar dispuestos a expresarnos cuando la ocasión lo permita. El Espíritu Santo quiere inspirar todo nuestro ser: espíritu, alma y cuerpo.

Las cosas que interfieren

¿Qué se puede atravesar en el camino? Bueno, hay algunas cosas obvias, ¿no es verdad? Si usted introduce en su cuerpo narcóticos o estimulantes que interfiere su funcionamiento correcto, está poniéndole obstáculos al Espíritu Santo. Una persona que esté embriagada, o dominada por algún estupefaciente, no puede ser un canal muy eficaz.

El alcohol es un problema para muchos, y sin embargo, la Biblia no prohíbe el uso del alcohol. Lo que sí prohíbe es usarlo mal. Para usted y para mí puede haber otras cosas que constituyan problemas mayores. Tal vez usted nunca esté inclinado a experimentar con las drogas que expanden la mente como tales, ¡y sin embargo puede ser esclavo del café! Para nosotros, Rita y Dennis, la cafeína constituye un problema. A los dos nos encantan el café y el té, pero no podemos tomarlos; por lo menos no podemos tomar mucha cantidad. Si lo hacemos, interfiere en nuestros "circuitos de salida" y nos causa trastornos en la digestión, nerviosidad y algunas veces, depresión. ¿Qué interfiere en la eficacia física de usted?

Esto hace surgir otro asunto: el alma tiene influencia sobre el cuerpo, y el cuerpo sobre el alma. Ya dijimos que, aunque para el bien de este estudio distinguimos entre espíritu, alma y cuerpo, eso no significa que el ser humano esté dividido en tres secciones independientes que constituyen juntas una persona. Lo que sucede en cualquiera de las partes afecta a las otras. La profesión médica reconoce cada vez más la importancia de la medicina psicosomática (de alma y cuerpo). Algunos médicos afirman que un gran porcentaje de las enfermedades del cuerpo son causadas en realidad por actitudes de la mente (alma). Y el efecto opuesto también se reconoce: que los estados del cuerpo pueden causar problemas en el alma. Por ejemplo, hay evidencias crecientes de que el consumir demasiado azúcar refinado puede causar cosas como depresión, insomnio y trastorno psicológico general.

Los síntomas aparentemente psicológicos (del alma) responden al tratamiento químico del cuerpo. Un ejemplo sería el hecho de que se administra litio para ciertos problemas emocionales. La razón de esto es que el cuerpo y el alma comparten un instrumento común: el cerebro físico. El cerebro es a la vez una poderosa computadora para procesar datos y tomar decisiones, y un elaborado centro de control del cuerpo, que las funciones corporales mantienen en operación.

La manera en que usted cuide su cuerpo con respecto a nutrición y ejercicio tiene un efecto definido en la forma en que pueda utilizarlo el Espíritu Santo. Al menos una de las grandes universidades cristianas de los Estados Unidos (la Oral Roberts University) exige que sus estudiantes se sometan a un programa habitual de ejercicios, pues sus dirigentes piensan que la universidad debe nutrir el espíritu, el alma y el cuerpo. Esto nos llama la atención, y nos parece en realidad muy sabio.

Hay otra manera sutil en que se puede interferir en el cuerpo: por medio del ascetismo. El ascetismo es la enseñanza según la cual el cuerpo es malo y hay que tratarlo severamente: con azotes, ayunos exagerados, camisas de cilicio, tablas duras para dormir, falta de limpieza y cosas así. Todas se han considerado como formas de santidad; y en algunas partes aún se consideran como tales. Las Escrituras no respaldan ninguna de esas prácticas.

La Biblia no es un tratado de ascética. Hay casos aislados que lo parecen, como Juan el Bautista o Ezequiel tal vez, pero según el tenor general de las Escrituras, Dios desea que recibamos sus bendiciones en el cuerpo, igual que en el espíritu y en el alma. El mismo Señor estuvo muy lejos de ser un ascético, a tal punto que fue acusado de glotonería y de amar el vino (Lucas 7:34). Por supuesto, fue una acusación injusta, pero nunca se hubiera hecho tal acusación si Jesús hubiera sido un demacrado asceta al que no le hubiera agradado comer ni beber.

Tal como ha acontecido con otras enseñanzas falsas, este concepto de que se debe maltratar al cuerpo parece haber venido al cristianismo procedente de las filosofías orientales. Ciertamente ha obrado para gran ventaja del diablo, en el sentido de impedir que el pueblo de Dios manifieste el gozo, el poder y el amor de Dios.

Alguien podría decir: "Ah, bueno, nosotros no tenemos que preocuparnos con respecto a eso! ¡Eso era sólo para aquellos ermitaños de la Edad Media! ¡Nosotros vivimos en el siglo de las luces!" Un momento. Eche usted una mirada a la literatura protestante, y vea en ella las cosas que se sostienen como ideales para la espiritualidad. ¿Cuán frecuentemente hay en esa literatura una glorificación de la enfermedad y de la debilidad física? ¿Cuán frecuentemente se señala que las enfermedades corporales (que Jesús siempre sanó cuando estuvo en la tierra) conducen a grandes alturas de espiritualidad? Es la misma idea: la de que el cuerpo tiene que ser humillado y atormentado a fin de permitir el desarrollo del alma y del espíritu. En la tradición protestante es peor todavía, pues el místico medieval sabía que se estaba causando sus propias torturas. ¡A menudo los protestantes le echan la culpa a Dios!

Sólo cuando el Espíritu de Dios puede penetrar verdaderamente en nuestro ser físico, puede traernos la clase de salud y fortaleza que El quiere que tengamos. Uno de los últimos recursos de Satanás para impedir que el amor y el poder de Dios se derramen a través de su pueblo puede consistir en hacer que los creyentes se enfermen, o que tengan accidentes que los saquen de acción durante algún tiempo. Y esta puede ser una asignación fácil para el enemigo, ya que frecuentemente no halla resistencia.

Ciertamente, la enfermedad puede servir como oportunidad para que el individuo piense más seriamente acerca de su vida y acerca de Dios. Puede convertirse en un tiempo de crecimiento espiritual, pero no es la manera más escogida por Dios, porque, en primer lugar, ¡es un método sumamente ineficaz! ¿Por qué iba a querer Dios que el derramamiento de su Espíritu sea interferido por un miserable dolor de cabeza o de garganta?

Cada cosa a su tiempo

Sí, hay momentos para abstenerse de satisfacer los deseos del cuerpo. El mismo Jesús ayunó cuarenta días y cuarenta noches. Pablo dijo que golpeaba su cuerpo y lo colocaba en servidumbre. Eso está bien. Dios no recibe gloria cuando sus hijos tienen un peso exagerado. Hay tiempo para ayunar. Hay tiempo para abstenerse de las relaciones sexuales. Hay tiempo para soportar hambre, frío, desnudez o falta de sueño; pero estas son situaciones de emergencia, condiciones de guerra; no es lo que Dios quiere que experimente normalmente nuestro cuerpo. Pablo dice: "El tiempo es corto; resta, pues, que los que tienen esposa sean como si no la tuviesen" (1 Corintios 7:29). Pero en el mismo capítulo dice: "No os neguéis el uno al otro" (versículo 5). Esto último se refería a las relaciones maritales.

En general, nuestro cuerpo debe ser como una ventana transparente que deje entrar y salir la luz. Mientras mejor funcione, menos nos damos cuenta de ellas. Esto lo expresó una amiga nuestra, Bertha Madden, de Tampa, Florida, en un poema encantador:

Si yo una ventana fuera,
preferiría que nadie dijera:
¡Qué ventana! ¡Qué hermoso!
Sino más bien, ¡Qué día tan precioso!

Cuanto menos estemos conscientes de nuestro

cuerpo, tanto mejor, porque nuestra atención puede concentrarse plenamente en lo que hacemos a través de él, o en lo que puede traernos del mundo externo.

El último enemigo

La última arma de Satanás para frustrar y demorar la obra de Dios en el mundo por medio de su pueblo es la misma muerte. Hace dieciséis años, las iglesias históricas no aceptaban el bautismo en el Espíritu Santo tan ampliamente como lo aceptan hoy. Uno de los obispos de nuestra propia rama de la iglesia llegó a interesarse mucho, y les sugirió vigorosamente a los demás obispos que escucharan lo que se estaba enseñando al respecto. El había hecho arreglos para que Dennis les hablara a los obispos acerca de la renovación que está ocurriendo en la Iglesia Episcopal San Lucas, de Seattle, Washington. Dicho obispo había coleccionado un gran número de testimonios escritos de personas que habían recibido el poder del Espíritu Santo, y estaba trabajando vigorosamente en todas las formas posibles para que su gente tuviera la oportunidad de oír con inteligencia lo que a él le parecía que era un asunto muy importante.

Entonces murió. Al morir él, todo el plan que había estado elaborando se hizo añicos. Aunque Dios siempre abrirá nuevos caminos, si este hombre hubiera seguido con vida para continuar su obra, creemos que la renovación iría mucho más adelante hoy. ¿Por qué murió?

¡Dios no "se lo llevó"! Satanás usó su arma más fuerte contra él. Dios no pelea contra sí mismo. No, hay una verdadera guerra en acción. No fue Dios el que hizo que este hombre muriera, y así se demorara el esparcimiento de una verdad vital entre el pueblo de Dios. El sólo permitió que esto sucediera, y seguramente ya tiene un plan mejor elaborado.

La muerte es un enemigo. Pablo dice: "Y el postrer enemigo que será destruido es la muerte" (1 Corintios 15:26). Pero, cuando el enemigo logra hacer que el cuerpo de un creyente muera, ¡Dios saca a esa persona *de la muerte*! "Sorbida es la muerte en victoria" (1 Corintios 15:54). Entonces Dios, de inmediato, procede a poner en vigor su alternativa, su segundo plan, para que continúe su obra en el mundo.

Una impresión más profunda

No, Satanás no quiere que expresemos externamente nuestro amor a Dios ni nuestro entusiasmo con respecto a El. El sabe que lo que expresamos externamente por medio de nuestro cuerpo se enraíza internamente de una manera más profunda. Los psicólogos reconocen esto y lo llaman "el viejo principio de James-Lange": "¿Corro porque tengo miedo, o tengo miedo porque corro?" Si usted tiene ira contra alguien, su ira aumentará cuando usted la exprese con palabras o acciones.

Cuando usted era niño, ¿nunca le dio miedo bajar las escaleras en la oscuridad, porque pensaba que alguien iba detrás de usted? ¿Y si hubiera comenzado a correr? ¡Entonces sí que se hubiera sentido realmente aterrado! Así que, por el lado positivo, nuestro amor hacia Dios y nuestra fe en El aumentan cuando los expresamos activamente en palabra y acción, tanto con nuestro cuerpo como con nuestra alma y con nuestro espíritu.

La manifestación del afecto

Satanás se las ha arreglado para añadir otra mentira al pueblo de Dios: es la idea de que la contemplación silenciosa de Dios es algo más elevado que la alabanza expresada en palabras. Ciertamente hay tiempo para la contemplación silenciosa del alma, pero finalmente tiene que brotar del cuerpo con palabras de alabanza.

¿Puede imaginarse a un joven que salga con su mejor amiga y pase todo el tiempo contemplándola? ¿No esperaría ella que tarde o temprano él le diga algo? La plenitud de nuestro amor y nuestra alabanza no está completa mientras sea algo que sólo llevamos por dentro. Somos seres tripartitos, y nuestro instrumento total debe responder.

El hecho de inhibir nuestro cuerpo no sólo nos impide expresar el amor a Dios, sino también expresar el que tenemos por nuestros prójimos. Hay un letrero que la gente está poniendo en los parachoques de los carros: "¿Ha abrazado a su niño hoy?" Eso demuestra que el mundo ha llegado a estar consciente de este principio. Cuando usted abraza a sus hijos, crece su amor hacia ellos. Por supuesto que el enemigo no quiere eso. Así se nos ha enseñado que no expresemos físicamente nuestro afecto, excepto en respuesta a los instintos sexuales, normales o anormales.

Muchos padres se restringen de expresarles afecto físico a sus propios hijos porque temen que eso pudiera ser algo malo, que en ello pudiera haber algo incestuoso. Esto se debe a que nuestra cultura identifica casi completamente los abrazos y los besos con lo sexual, y sólo con lo sexual. Por esta razón, los hombres que son amigos entre sí, tienen la tendencia de evitar el contacto físico, no sea que se piense que son homosexuales.

El Espíritu Santo quiere indicarnos cómo expresarles nuestro afecto y nuestro amor a nuestros amigos y familiares mediante acciones físicas saludables. Muchas iglesias se esfuerzan hoy por tratar de que las personas se saluden durante los servicios religiosos, que se estrechen las manos, que se abracen.

Pablo exhorta a sus amigos de Corinto a que se saluden "los unos a los otros con ósculo santo". (1 Corintios 16:20). (No es necesario decir, que esto no se refiere a un beso en los labios, sino a un abrazo, probablemente acompañado de un beso en la mejilla; lo cual es aún el saludo normal entre amigos en muchas culturas de hoy). J. B. Phillips, por otra parte, muestra su inhibición anglosajona, al traducir las mismas palabras del siguiente modo: "¡Me gustaría que os estrecharais las manos todos como una señal de amor cristiano!"

Sin embargo, cuando las personas de la congregación han recibido el bautismo y la liberación del Espíritu Santo, la expresión es espontánea y regocijada. Inmediatamente descubren que tienen poca dificultad para expresar el afecto físico, porque el Espíritu Santo les ha dado libertad para hacerlo.

La expresión del amor al mundo

Las acciones del Espíritu a través del cuerpo no terminan con las expresiones de afecto, ni siquiera con las palabras y acciones de alabanza a Dios. Jesús dijo: "Y si saludáis a vuestros hermanos solamente, ¿qué hacéis de más?" (Mateo 5:47).

Nuestra expresión de amor tiene que salir hacia el mundo que nos rodea. Jesús exige que alimentemos a los hambrientos, que vistamos a los desnudos, que visitemos a los enfermos y a los presos (Mateo 25:40). Esta es la "acción social" de la cual se predica tanto desde el púlpito, y practican tan poco los oyentes. ¿Por qué? Porque no han sido libertados por el Espíritu Santo para responder.

Francisco de Asís solía lanzarles monedas a los

leprosos, pero después de que el Espíritu de Dios obrara realmente en su vida, descubrió que eso no era suficiente. Descubrió que tenía que abrazar y besar a estos infortunados. Tenía que usar sus manos para ayudarlos físicamente. Hay muchos que son guiados directamente por su conciencia a ayudar a los necesitados y oprimidos del mundo. El bautismo en el Espíritu Santo, sin embargo, abre la puerta de las personas para que se relacionen con los que están en necesidad; no sólo mediante marchas de protesta y listas de personas que están dispuestas a hacer donativos para formar fondos de ayuda, sino yendo hacia ellos con el amor y el consuelo de Dios, a servirles con la gracia sobrenatural del Espíritu.

El Espíritu Santo quiere mover a la persona total para que salga con amor al mundo. Si el cuerpo físico queda retenido, esa obra será seriamente entorpecida.

24
Escaleras hacia el cielo

Es de noche en el desierto. En primer plano vemos a un joven acostado sobre la arena, agotado por el duro viaje bajo los cielos ardientes. Usa de almohada una gran piedra plana sobre la cual ha tirado una piel de oveja. Se cubre con un manto para protegerse del frío de la noche.

Sueña, y en su sueño ve una inmensa escalera que se extiende hacia arriba hasta llegar al cielo. En la parte alta ve una figura tan brillante que le es imposible verle la cara, pero comprende que es el mismo Dios, y que la parte alta de la escalera llega hasta el mismo cielo. En su sueño, la parte inferior de la escalera descansa sobre la tierra a corta distancia de él. Mientras se queda parado mirándola, ve grandes seres que suben y bajan por ella. Estos también son tan deslumbrantes que apenas los puede mirar, pero en su sueño comprende que son ángeles, mensajeros, que vienen del cielo a la tierra y regresan.

El soñador, por supuesto, es Jacob, y la historia se halla narrada en Génesis 28:11-13.

Se relata otra interesante escena al final del primer capítulo del evangelio según Juan. Felipe acaba de conocer a Jesús, e inmediatamente va a buscar y a traer a su amigo Natanael. Cuando éste llega, Jesús lo saluda:

— Aquí viene un hombre honrado que no engaña a los demás.

— ¿Cómo me conoces? — pregunta Natanael impresionado.

— Antes de que Felipe te llamara — responde Jesús —, cuando estabas debajo de la higuera, te vi.

— Maestro — exclama Natanael —, ¡Tú tienes que ser el Hijo de Dios! ¡Tú eres el Rey de Israel!

— ¿Estás tan impresionado — le replica Jesús con una sonrisa de seguridad — porque te vi sentado en tu propio patio detrás de tu casa? Te diré: Vas a ver cosas mayores que ésta. ¡Vas a ver el cielo abierto, y a los ángeles de Dios subir y bajar sobre el Hijo del Hombre!

Lo que Jesús le estaba diciendo era lo siguiente: "Yo soy el cumplimiento real de la escalera de Jacob. La gloria de Dios descenderá a la tierra a través de mí, y los que están en la tierra van a poder subir al cielo por mí. ¡Yo soy el camino del cielo a la tierra y de la tierra al cielo!"

Cuando Jacob tuvo el sueño de la escalera, y vio que Dios estaba en la parte alta, el Señor le habló y le repitió la promesa que les había hecho a su abuelo Abraham (Génesis 12:2, 3), y a su padre Isaac (Génesis 26:4). Al mismo Jacob le dijo: "Todas las familias de la tierra serán benditas en ti y en tu simiente."

Dios le había dicho a Abraham: "Te bendeciré. . . y serás bendición. . . y serán benditas en ti todas las familias de la tierra." Ahora bien, ¿cuál es la conexión entre la escalera que vio Jacob y la bendición para "todas las familias de la tierra"?

Pablo recoge este tema en su epístola a los Gálatas (3:6 y siguientes): "Así Abraham creyó a Dios, y le fue contado por justicia. Sabed, por tanto, que los que son de fe, éstos son hijos de Abraham. Y la Escritura, previendo que Dios había de justificar por la fe a los gentiles, dio de antemano la buena nueva a Abraham,

diciendo: En ti serán benditas todas las naciones. . .
para que en Cristo Jesús la bendición de Abraham
alcanzase a los gentiles, a fin de que por la fe
recibiéramos la promesa del Espíritu. . . Ahora bien, a
Abraham fueron hechas las promesas, y a su simiente.
No dice: Y a las simientes, como si hablase de muchos,
sino como de uno: Y a tu simiente, la cual es Cristo. . .
Y si vosotros sois de Cristo, ciertamente linaje de
Abraham sois, y herederos según la promesa."

Jesús fue el cumplimiento de la promesa hecha por
Dios a Abraham. El era la simiente escogida. Mientras
estuvo en la tierra, bendijo a todos los que pudo
alcanzar. Después ascendió al cielo, para darles poder
a millones de personas, entre las cuales estamos
incluidos usted y yo.

El siguiente diagrama representa una escalera, ¿no
es verdad?

Y es muy adecuado, porque todo el que ha aceptado a Jesús es una pequeña escalera de Jacob. Así
como la gloria de Dios descendía a la tierra a través de
Jesús cuando El estaba sobre la tierra, ahora puede
venir a la tierra a través de cada uno de los que
estamos en Jesús. Ahora somos su cuerpo sobre la
tierra. El depende de nosotros para poder alcanzar al
mundo. Su intención es derramar su amor, su bendición y su gozo a través de nosotros.

Muy frecuentemente en un culto usted oirá que
alguien dice: "Jesús, por favor, sana a mi madre;"
"Jesús, por favor, salva a mis familiares que no te han
aceptado;" o cuando se está orando a favor de
alguien, usted oirá: "Jesús, sana a esta persona;"
"Jesús, por favor, echa fuera este espíritu malo". Los
cristianos piensan que han hecho su trabajo cuando
han orado por la gente de la India o por el presidente
de la nación. Ahora bien, de ninguna manera estamos
diciendo que no se deba orar por esos motivos, o que

la oración no sea eficaz. Pero recordemos que la oración no consiste en pedirle a Dios que vaya a este lugar y al otro a hacer las cosas por nosotros. La oración libera el poder de Dios a través de nosotros para cambiar las circunstancias. Dios obra a través de nuestras oraciones. El no se conforma con que le halemos la ropa y le roguemos que haga algo. Dios no puede hacer todo lo que quiere en un mundo que aún está en gran parte bajo el poder de las tinieblas, a menos que permitamos que su poder fluya hacia el mundo a través de nosotros: de nuestro espíritu, alma y cuerpo.

Cuando su espíritu se abre a Dios por la fe, y luego se extiende hacia afuera en oración a través de su alma y de su cuerpo, Dios puede obrar a través de usted para cambiar las circunstancias, sanar a los enfermos y bendecir al mundo. Ahora es posible que "todas las familias" sean benditas porque hay millones de hijos de Dios en el mundo a través de los cuales su Espíritu puede obrar, si le permitimos que obre. Ese ha sido el tema del cual ha tratado este libro. Somos simiente de Abraham por la fe en Jesucristo, y la promesa de Abraham es para nosotros. Somos los primeros de todos en recibir la bendición, y luego, en servir de bendición. A través de nosotros, todas las familias de la tierra han de ser benditas.

Cuando Dios le prometió a Abraham que bendeciría al mundo a través de él, eso fue lo que quiso darle a entender. Gracias a que Abraham tenía abiertas las puertas de su fe, Dios pudo obrar a través de él por el poder del Espíritu Santo, para comenzar a alcanzar al mundo que se había separado de El y había caído en la esclavitud del diablo.

Los que estamos en Cristo somos la continuación de este proceso, con la ventaja de que tenemos un acceso mucho mayor a los recursos de Dios que Abraham pues podemos tener al Espíritu Santo morando en nosotros. Nuestra fe no tiene que extenderse hacia arriba para alcanzar a Dios, pues Dios ya vino a vivir en nosotros. El cielo ha descendido a nuestro propio ser. Cuando desaparezcan los bloqueos del alma porque hemos entendido nuestra naturaleza trina, hemos recibido la sanidad del alma, y tenido otros encuentros de sanidad con Jesús, tendremos nuestras puertas más abiertas y seremos canales más despejados.

Si permitimos que la vida de Dios que está en nosotros traspase la barrera del alma y pase directamente a nivel de tierra, podrán ocurrir cosas sobrenaturales en el mundo natural. Estamos tan acostumbrados a operar en lo natural, que aprender a permitir que Dios se manifieste a través de nuestra vida diaria y obre por medio de ella no es fácil. Tal vez hayamos hecho lo mejor que hemos podido para quitar los bloqueos de nuestra alma y nuestro cuerpo, pero estamos aprendiendo una nueva destreza, como quien aprende a patinar o a esquiar. ¡Nos seguimos cayendo continuamente! Pero, como dice un antiguo canto "nos levantamos, nos sacudimos el polvo, y comenzamos de nuevo!"

La mayoría aún nos conformamos con una manifestación ocasional del Espíritu. Pensamos: "Bueno, el mes pasado experimenté un milagro. ¡No puedo pretender pasar toda la vida en ese nivel!" Pero, si queremos ver el amor y el poder sobrenaturales de Dios manifestados todos los días, El tiene que ser verdaderamente el Señor de nuestra vida todo el tiempo. Tenemos que permanecer en comunión con El. Cuando le permitimos que nos guíe continuamente, las cosas marchan tan bien que nos preguntamos por qué estuvimos satisfechos alguna vez de vivir de cualquier otro modo. Los hábitos antiguos son fuertes y difíciles de vencer. Por eso aún decimos con frecuencia: — Yo me haré cargo de las cosas durante el día, Señor, y nos veremos esta noche cuando haga oración, o en el culto de oración del viernes, o en la iglesia el domingo.

Sin embargo, cuando la vida sobrenatural de Dios viene a través de nosotros, es cuando el mundo va a ver "la manifestación de los hijos de Dios" (Romanos 8:19): es cuando va a ver que Dios está vivo y es real en su pueblo, que El ama tanto al mundo que envió a su Hijo a rescatarlo, que la operación rescate aún está en marcha, y que hay esperanza para la raza humana.

Jesús ha sido esa escalera de Jacob montada entre el cielo y la tierra. Los que se movían por la escalera de Jacob ascendían y descendían sobre El, tal como se lo había dicho a Natanael. Ahora, a través de Jesús, nosotros hemos llegado también a ser pequeñas escaleras de Jacob.

Dondequiera que haya alguien que esté en Jesús, y que permita que el Espíritu de Dios fluya a través de él, allí se levanta una escalera de Jacob entre el cielo y la calle principal, entre el cielo y su barrio, entre el cielo y su cocina, entre el cielo y su oficina o su taller. Aunque la escalera suya tiene su base en la tierra, su parte superior llega hasta los "lugares celestiales en Cristo Jesús" (Efesios 1:3). Dondequiera que usted se encuentre, la gloria de Dios puede fluir a través de usted hacia el mundo para sanar, perdonar y bendecir. A través de usted, a través de todos nosotros, serán benditas todas las naciones.

¡Que así sea!

---

[1]Charing Cross es el nombre del centro municipal de Londres.

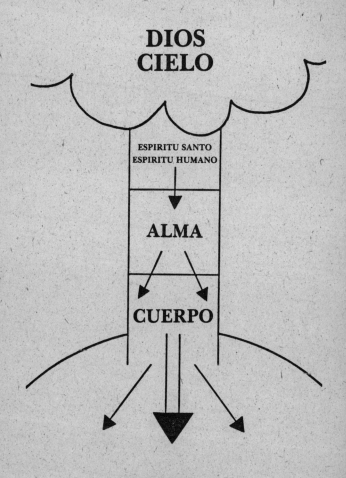

AUTORIDAD ESPIRITUAL
por Watchman Nee

Este destacado y profundo escritor nos proporciona aquí enseñanzas de notable validez para nuestros días. La primera parte se intitula Autoridad y Sujeción, y la segunda, Autoridad Delegada. "Procurad que vuestra autoridad no exceda a vuestro ministerio", nos dice atinadamente Watchman Nee. Obra de vital importancia para el creyente en general y para el obrero cristiano en particular.

SECRETOS DE LA MUJER HERMOSA
por Anne Ortlund

Un libro destinado a la mujer, escrito en forma personal, convincente, práctica; un libro con sanos consejos para la mujer que quiera vivir una vida más eficaz y amplia. Con delicadeza y buen humor, la autora ayuda a la mujer a ver de qué manera puede eliminar lo innecesario de la vida diaria, a fin de dedicar más tiempo y energía para las cosas de verdadera importancia. Un libro que pueden aprovechar tanto las jóvenes como las ancianas, las amas de casa como las que se dedican a una carrera.

COMO SER UN TRIUNFADOR
por Harold Hill

El autor ofrece recetas sencillas sobre cómo vivir la vida cristiana. No presenta teorías sobre cómo *debe* vivirse, sino que nos demuestra cómo se ha vivido. Aún mejor, nos da pruebas de que esa vida puede vivirse. No nos presenta situaciones extraordinarias ni únicas, carentes de validez para nosotros, y con las cuales no podemos identificarnos. Al contrario, nos presenta situaciones que nos confrontan diariamente. ¿Puede el creyente atrasarse en sus pagos, quedar atrapado en un embotellamiento de tráfico, ser estafado por sus amigos, atacado por sus enemigos? Muchos de nosotros hemos pasado por estas experiencias. El autor nos presenta la solución divina a estos problemas, que está a nuestra disposición dondequiera que nos encontremos.

LA FELICIDAD DEL NIÑO

por el doctor James Dobson

Es éste un libro que todo padre debe leer. El autor siente un genuino cariño y respeto por los niños y escribe en un estilo vivo, práctico y claro que comunica fácilmente su mensaje a los padres.

Consta esta obra de muchísimo material práctico para solucionar los problemas de la inseguridad en la familia. No deje de leerlo.

LA BELLEZA RADIANTE

por Joyce Landorf

La autora nos dice que con la ayuda de Dios, toda mujer puede acentuar su belleza y su personalidad. Trata con enemigos de la belleza como el temor. . . las preocupaciones. . . el complejo de inferioridad. Y hace énfasis en los beneficios prácticos de la fe. . . la oración. . . el perdón. . . el agradecimiento. Un estudio excelente para la mujer. No debe faltar en su biblioteca.

COMO MEJORAR MI MATRIMONIO

por el Dr. Henry Brandt

El autor explica que cuando se levantan las murallas de la incomprensión, el matrimonio se desmorona. La pareja está dividida por una muralla invisible, pero que es tan sicológicamente real como si fuese de ladrillos. ¿De qué está hecha esta muralla?

En esta obra el autor examina de cerca varias situaciones típicas que pueden crear estas "murallas" entre dos personas, y le aconseja al lector cómo darle una solución feliz al problema. Un libro indispensable.

SERAS LO QUE QUIERAS SER

por Roberto H. Schuller

Con sencillez y claridad, el autor explica cómo vencer el temor al fracaso, cómo aprender a resolver problemas, cómo librarse de pensamientos negativos y desagradables, y cómo cimentar una confianza que le abrirá las puertas del éxito. La lectura de esta obra le impartirá la confianza que lo capacitará para ser la persona que aspira a ser.

POR EL TUNEL DE LA DEPRESION
por Matilda Nordtvedt

Con lenguaje emotivo la autora nos revela sus íntimos estados de ánimo, al pasar por el obscuro túnel de la depresión. Y en su esfuerzo por salir de ese túnel, descubrió que en Dios y en su Palabra el creyente tiene a su disposición fuentes de recursos muy útiles. A través de las experiencias y lecciones de este libro, el lector podrá hallar ayuda para sí mismo, o para algún ser amado que esté pasando por el horroroso túnel de la depresión.

Es un libro que conmueve y anima.

PERIODOS BIBLICOS
por Rafael M. Riggs

Este reconocido predicador y catedrático, presenta aquí con claridad los distintos períodos bíblicos, abarcando la tierra, el hombre y los espíritus, en tres secciones. Es un libro indispensable en toda buena biblioteca, que permitirá al lector ampliar sus conocimientos acerca de las dispensaciones. Muy útil para el obrero cristiano, pastores y creyentes en general.

EL TABERNACULO
por Elsie F. de Blattner

Una exposición clara y espiritual del tabernáculo en el desierto, o centro de adoración a Dios de los israelitas. Este libro nos enseña la sabiduría del plan de Dios para la humanidad, al dejarnos comprender cómo la persona de Jesucristo está representada en cada uno de los detalles del tabernáculo incluyendo los más insignificantes. Cuando lo lea, su fe se fortalecerá grandemente.

SI YO PUEDO. . . TU TAMBIEN
por Betty Lee Esses

Este es uno de esos libros singulares para toda la familia. Está saturado de buen humor, de ingenio y de sabiduría práctica para la buena marcha del hogar. Nos ofrece una vislumbre de la relación con Cristo que puede ser eficaz para la solución de los problemas individuales. Una obra que contribuirá a robustecer la fe y a resolver con éxito nuestros dilemas diarios.